新时代内生型大学生理论社团的构建与发展

——以K大学Q学社为例

戴贝钰 著

XINSHIDAI NEISHENGXING
DAXUESHENG LILUN
SHETUAN DE GOUJIAN YU FAZHAN
—— YI K DAXUE Q XUESHE WEILI

知识产权出版社
全国百佳图书出版单位
——北京——

图书在版编目（CIP）数据

新时代内生型大学生理论社团的构建与发展：以K大学Q学社为例 / 戴贝钰著 . —北京：知识产权出版社，2019.9

ISBN 978-7-5130-5733-2

Ⅰ . ①新…　Ⅱ . ①戴…　Ⅲ . ①高等学校—学术团体—建设—研究—中国　Ⅳ . ① G644

中国版本图书馆CIP数据核字 (2019) 第 197178 号

内容提要

新时代各个高校的学生理论社团蓬勃发展，其中有一类社团由大学生自发组织形成，即内生型大学生理论社团。本书所研究的K大学Q学社，就是这类社团中的一员。Q学社在其建设过程中，吸引了一批志同道合的年轻人共同学习，他们主动学习马克思主义理论知识并付诸实践，他们对社会现象的分析、对国家前途命运的思考比一般学生更为深刻。本书对Q学社的社团构建和发展进行了深入考察，并针对Q学社对大学生思想的影响进行了讨论，为一般大学生理论社团的建设提供了有益借鉴。

责任编辑：李海波　　　　　　　　**责任印制：孙婷婷**

新时代内生型大学生理论社团的构建与发展——以K大学Q学社为例

戴贝钰　著

出版发行：	知识产权出版社 有限责任公司	网　址：	http://www.ipph.cn
			http://www.laichushu.com
电　话：	010-82004826		
社　址：	北京市海淀区气象路50号院	邮　编：	100081
责编电话：	010-82000860 转 8582	责编邮箱：	lihaibo@cnipr.com
发行电话：	010-82000860 转 8101	发行传真：	010-82000893
印　刷：	北京九州迅驰传媒文化有限公司	经　销：	各大网上书店、新华书店及相关专业书店
开　本：	720mm×1000mm　1/16	印　张：	13
版　次：	2019年9月第1版	印　次：	2019年9月第1次印刷
字　数：	205 千字	定　价：	52.00 元

ISBN 978-7-5130-5733-2

中国的知识青年们和学生青年们，一定要到工农群众中去，把占全国人口百分之九十的工农大众，动员起来，组织起来。没有工农这个主力军，单靠知识青年和学生青年这支军队，要达到反帝反封建的胜利，是做不到的。所以全国知识青年和学生青年一定要和广大的工农群众结合在一块，和他们变成一体，才能形成一支强有力的军队。这是一支几万万人的军队啊！有了这支大军，才能攻破敌人的坚固阵地，才能攻破敌人的最后堡垒。

——毛泽东

2017 年 10 月 18 日，在中国共产党第十九次全国代表大会上，习近平总书记做出郑重宣示："经过长期努力，中国特色社会主义进入了新时代，这是我国发展新的历史方位。"中国特色社会主义进入新时代，对青年学生的引导同样也进入了新的时期。2018 年 5 月 2 日，习近平同志在北京大学师生座谈会上的讲话中指出："广大青年既是追梦者，也是圆梦人。追梦需要激情和理想，圆梦需要奋斗和奉献。广大青年应该在奋斗中释放青春激情、追逐青春理想，以青春之我、奋斗之我，为民族复兴铺路架桥，为祖国建设添砖加瓦。"他说，"当代青年是同新时代共同前进的一代。我们面临的新时代，既是近代以来中华民族发展的最好时代，也是实现中华民族伟大复兴的最关键时代。广大青年既拥有广阔发展空间，也承载着伟大时代使命。青年是国家的希望、民族的未来。我衷心希望每一个青年都成为社会主义建设者和接班人，不辱时代使命，不负人民期望。对广大青年来说，这是最大的人生际遇，也是最大的人生考验"。对于新时代的青年学生来说，如何引导其成长，培养其正确的世界观、人生观、价值观，成为新时代研究青年教育的重要课题之一。大学生理论社团，作为青年教育的第二课堂，有着十分重要的地位。

20 世纪 90 年代以来，全国各个高校十分重视学生理论社团的建设与发展，几乎每个高校都有学生理论社团。学生理论社团的组织和管理，一般都由高校团委直接负责。这些社团在一定时期取得了一定成效，但也暴露出了社员素质参差不齐、缺乏重要专业指导、活动形式主义等问题。同时，另一类社团的出现引起了大家的注意，它们由大学生自发组织形成，主动学习马克思主义理论知识，用理论武装自己的大脑，在用理论分析社会现实的同时付诸实践，深入了解社会现实。本书所研究的 K 大学 Q 学社（以下简称 "Q 学社"），就是这类社团中的一员。它着眼于关心工农，在此基础上，以 "读书，实践，争鸣，进步" 为宗旨，共同追求真理、追求进步，通过读书启发思考，通过实践脚踏实地，为真知而争鸣，协同志以共进步。

作为大学生理论社团，Q 学社与一般意义上由学校党委、团委统一组织管理的理论学习型社团不同。Q 学社的社员自发组织起来，践行着深入社会、关爱工农的原则。他们说，作为大学生，虽还未进入社会，却也不能脱离社会，"天下者，我们的天下；国家者，我们的国家"。Q 学社通过将有志青年集合起来，共同进行社会实践或理论学习，他们不仅考虑着个人的未来，心里更承装着国家与社会的责任。

Q 学社在自己的工作总结中写道：

> 自 2012 年成立以来，经过社团历届成员的不断求索，Q 学社形成了比较明晰的工作思路：
> 第一，我们学社的目标及一切工作的中心是培养无产阶级知识分子；
> 第二，我们学社旨在学习理论、共同实践；
> 第三，我们学社社团建设的三大作风是群众路线、理论联系实际、批评与自我批评。

在此，笔者以 Q 学社作为研究对象，将它从筹备建社，一步一步前进，到发展壮大的经验总结出来，以供大家参考与借鉴。笔者通过参与 Q 学社的活动，在和社员们共同学习讨论的过程中，为他们表现出的社会责任感、爱国之心所叹服，也为几个骨干成员的理论基础之深厚而震撼。作为一名马克思主义理论专业的研究者，笔者也深深敬佩这群可爱的同志。但也有些许担忧，他们单纯而有着一腔热血，而社会复杂，应时刻警醒不要被一些别有用心的人利用，从而做出一些过激的选择，这就需要引起社团成员的注意，做出及时的调整，选择正确的方向前进。

笔者调查发现，这群学生与其他在大学更注重专业课学习和所谓能力培养的学生有明显的不同，他们更多的是关注社会、关注工农，是热衷于马克思主义理论学习的一群人。这些成员有着太多的共同之处，也可以说是一群"有追求"的人，这与一些追求名、利、欲的青年有着显著的不同，也是十分难能可贵的。对于这样的一个群体，笔者有着强烈的好奇：他们是如何结识、走到一起、成立社团，又是如何学习、实践的？他们的经历有何共同之处？他们在学社建设过程中又遇到了哪些困难？他们希望做什么？……这些问题笔者都想一一解开。同时，也更希望有关部门尤其是高校能有相对应的措施对他们进行爱护、引导，让他们在实现中华民族伟大复兴的道路上贡献出卓越的力量。

在本书中，笔者希望通过对学社发起人、骨干成员、普通成员的描述和自身体会，展现一个真实的 Q 学社，展现这样一群热血儿女的真实想法和努力，并且将 Q 学社和另一类由学校团委组织管理的理论类社团进行比较，从二者的区别中，分析 Q 学社对大学生思想状态的帮助和影响。同时，通过对这个内生型理论社团的研究和调查，可以对大学生思想政治教育的方向和方式提出一些思考和建议，也希望我们的国家能有更多这样的青年涌现出来，对其加以正确的引导，使其成为真正有马克思主义信仰的人才，为中国特色社会主义建设贡献力量。

Q 学社的活动是朴素的，社员的言语是平实的，成绩可能是默默无闻的。但笔者相信，通过 Q 学社和更多像 Q 学社一样的学生社团的努力，我们的青年能够更加奋发努力，走在不断学习、用理论知识丰富自己的路上。

本书综合运用文献法、观察法、问卷法和访谈法等对 Q 学社的构建和发展进行了深入考察，探讨内生型理论社团构建与发展的一种模式，并针对 Q 学社对大学生思想的影响进行了讨论，分析其对高校思想政治教育工作的作用与影响。研究发现，Q 学社在其自身建设中，确实吸引了一批志同道合的年轻人共同学习，他们对社会现象的分析、对国家前途命运的思考比一般学生更为深刻，也更具明确的政治方向性和思想倾向性。此类内生型大学生理论社团的出现，对一般大学生理论社团的建设提供了有益借鉴：大学生理论社团对自身应有明确的定位，围绕提升社团成员思想理论水平这一中心工作，尽力争取外部支持，合理使用校内资源，选择恰当的活动内容和形式，促进社团成员的共同进步。

本书主要从以下五个方面对 Q 学社的构建与发展进行研究：

（1）社团的发起。本部分主要介绍了社团发起的渊源、发起人以及合法性的取得。具体介绍社团从无到有的发起过程，阐述发起人发起社团的目的、定位等思考，以及怎样在校内取得合法性，从而得以存在的艰难过程，从发起过程阐释"内生型"学生理论社团的意义。既为内生，即学生主动地、自发地形成，是一个先有成员，然后逐步壮大，到形成组织的过程。

（2）社团的组织结构与外部支持。本部分主要介绍社团的组织结构，具体介绍社团成员的主要特点，社团的培养模式、组织形式，社团通过什么平台沟通交流，社团的运转模式，以及获得的外部支持等内容，并介绍其构建的模式。

（3）社团的主要活动与功能实现。本部分主要介绍社团的主要活动，包括读书会、社会实践、社团讲坛、社团书架、观影会等内容，并且介绍了社团的内部建设方式，通过成员在社团学习的感受感想、社团对成员的思想影响等内容，体现社团在思想政治教育中的功能实现。

（4）社团目前的困顿。学社虽然在一定时期内活动开展积极热烈，反响热烈，但在笔者看来，其在组织过程中仍然有一定的问题，包括目标定位、成员思想定位、实践定位、骨干成员自我定位等，同时在组织管理、理论学习组织、社会实践的组织上也有一些问题，这些问题可能影响到其未来的发展。

（5）社团的未来发展与价值启示。作为一个学生自发组织形成的社团，其未来发展是光明的，并且对学生理论社团的建设方面有一定的借鉴价值，对高校思想政治工作也有一定的启示。

第一章

绪 论

第四章

社团的主要活动与功能实现

第五章

社团的困顿

第六章

社团的未来发展与价值启示

第七章

结　语

附录 A

K 大学学生理论社团成员情况调查问卷

附录 B

Q 学社相关访谈提纲

附录 C

截至 2014 年春季学期 Q 学社活动汇总

绪 论

　　根据中共中央、国务院《关于进一步加强和改进大学生思想政治教育的意见》(中发〔2004〕16号),加强和改进大学生思想政治教育,提高他们的思想政治素质,把他们培养成中国特色社会主义事业的建设者和接班人,对于全面实施科教兴国和人才强国战略,确保我国在激烈的国际竞争中始终立于不败之地,确保实现全面建设小康社会、加快推进社会主义现代化的宏伟目标,确保中国特色社会主义事业兴旺发达、后继有人,具有重大而深远的战略意义。该意见第22条明确提出,要加强对大学生社团的领导和管理,帮助大学生社团选聘指导教师,支持和引导大学生社团自主开展活动。教育部、共青团中央发布的《关于加强和改进大学生社团工作的意见》也指出,要积极支持大学生社团开展健康有益的活动,大力扶持理论学习型社团。

　　在党中央、国务院的高度重视下,全国各个高校都积极推动,狠抓落实。各大高校都有专门负责高校校园思想文化建设的组织机构和专门人员,积极推进理论社团的建设,各个高校的学生理论学习社团蓬勃发展,取得了一定的成效,也暴露出了一些问题。同时,一批有志青年团结起来,自发形成了理论学习型社团,在学生中形成了一定的影响,而这一类社团,是很多高校和研究者所没有关注到的。在这种情况下,我们关注到了Q学社这样一个由学生自发组织形成的学习马克思主义理论的社团,期望通过发掘其产生、发展的形式,为其他理论社团的组织和管理提供相关借鉴。

<h1 style="text-align:center">第一节　研究背景和意义</h1>

Q 学社是一个在组织形成初期没有学校党委、团委这些组织的干预而形成的马克思主义理论学习型社团。它的出现表明，有一部分青年学生已不满足于思想政治理论课的学习，他们希望更多地学习马克思主义理论知识，并将这些理论付之于实践，用他们自己的行动，关心社会、关爱工农。与学校团委根据思想政治教育工作需要而组织的理论社团不同，Q 学社由学生自发组成、自主学习、自我管理，对于这个社团的研究，有着极其重要的意义。

一、研究背景

随着高等教育的发展，学生社团越来越成为思想政治理论教育发挥思想引领作用的重要阵地之一。学生社团作为高校思想政治教育的实践载体，应当发挥思想政治理论学习的实践作用，而在众多的学生社团中，思想政治理论类社团则是思想政治教育实践教学中的先锋组织，对大学生的思想引领、意识形态建设发挥着重要作用。高校大学生社团可以说是沟通学校、社会开展思想政治教育及类似教育内容和教育活动的"中介组织"，它在学校、社会与学生之间起着桥梁作用。

一般来说，高校理论社团由学校团委直接组织形成，作为学校团委参与思想政治理论教育的副手和主要阵地，是负责思想政治教育理论学习的第二课堂。然而，随着理论社团的发展，它们虽然越来越受到高校的重视，也暴露出了一些发展的问题。第一，社团疏于管理和引导。一般高校理论社团都由高校团委直接领导和管理，然而高校团委工作繁重，团委老师很少能有精力对社团加以系统指导和培训，使得一些高校理论社团过度自由发展，产生了一些问题。第二，由于社团需要发展壮大，吸引学生参加，而这类社团占有的丰富资源，使得一些学生的加入带着功利性的目的，并非单纯为了提高自身的思想政治素质，这使得社团成员的素质参差不齐，难于管理。第三，大部分理论社团的主要活动以理论学习为主，活动内容较为单调，有些社团甚至放弃了思想政治理论教育的义务，办起了诸如主持人大赛这样的普通娱乐活动来吸引学生参加。第四，随着现代社会全球化的不断发展，学生受到国内外各种思潮的影响，思想更加多元化，这也给社团的管理增加了难度。这些问题暴露了现阶段理论社团发展的局限性。

与此同时，有一批大学生，他们不满足于思想政治理论课的学习，学校组织的理论社团的理论活动无法满足他们的需求，对一些学校组织的理论社团开展的娱乐性活动也不感兴趣，他们渴求直接学习马克思列宁主义、毛泽东思想，他们希望用理论武装自己的大脑，并用理论分析社会现实。他们也希望将理论付诸实践，通过实践更深入地了解社会现实。这样的一群有志青年聚在一起，学习马克思主义理论，分析现实，进行社会实践。渐渐地，他们就自发形成了一类理论社团。这类理论社团与学校组织的社团不同，其自发形成，关注实践，没有华而不实的活动，社团成员进行的是朴实的理论学习和研讨，他们读书、实践、争鸣、进步，共同学习、探讨、实践马克思主义，共同进步。我们把这类理论社团叫做内生型的理论社团。他们如同"五四"前后的学生社团一般，通过辩论研讨，确立马克思主义的信仰；他们深入工人阶级中间，把马克思主义理论与实际相结合；他们运用丰富多彩的传播手段，拓展马克思主义宣传新阵地。

二、研究意义

通过在中国知网数据库对文献的检索可以看到，全文搜索"高校学生社团"，即对所有涉及高校学生社团的研究文章进行搜索，可得55322个结果，可见研究者众多，研究内容也繁多；在结果中搜索"高校学生理论社团"，则只有4454个搜索结果，可见研究者相对较少，不足前者的十分之一；接着在结果中搜索"内生型高校学生理论社团"，则几乎没有，可见这一课题还乏人问津。

在现有的研究中，国内大多数学者对学生理论性社团的研究主要关注由学校团委直接领导组织形成进而由学生自主运营的社团，这类理论性社团虽然是学校团委直接领导的学生组织，占据着大量有效资源，但在长期的活动、实践中，有些社团的活动内容趋于形式化，学生对此类活动的反应也逐渐由主动转为被动，因而渐渐削弱了其对学生思想政治引领的作用，不可避免地沦为普通的学生社团。由学生自发组织形成的思想政治理论社团，近几年则逐渐兴起，在各大高校中蓬勃发展，关于这一现象，目前还鲜少有学者开始研究。此类理论社团的产生和兴起，从侧面体现了目前大学生的思想政治状态，尤其是对马克思主义的态度和认识。他们对马克思主义理论学习的兴趣和热情，体现着思想政治教育的成果，也给我们改进大学生思想政治理论教育的方法提供了参考和借鉴。因此，研究这类理论社团，极其富有价值和意义。

第一，拓宽高校学生理论社团的研究视野，提高大学生思想政治素质。目前，对于高校理论社团的研究层出不穷，但是一般都局限在整个理论社团的思想政治教育功能上，对其产生、发展、运转则少有研究。同时，目前对于高校理论社团的研究，基本都局限在学校牵头组织建设的学生理论社团，而学生自发组织形成即内生型的理论社团还很少进入研究者的视野之中。因此，本书的研究在一定意义上拓宽了对高校理论社团的研究范围和研究视野，对深化社团研究有一定的启发，能对加强和改善大学生思想政治教育产生一定的思考，并期望通过对个案的研究，对其他高校内生型学生理论社团的建设产生一定的指导作用。此外，由于高校理论社团主要学习和宣传马克思主义，因此，本研究对维护高校中马克思主义意识形态的主导地位有一定的意义，也是提高大学生思想政治素质的需要，是大学生树立正确的世界观、人生观和价值观的需要，是培养中国特色社会主义合格建设者、接班人的需要。

第二，丰富高校校园文化，促进高校大学生理论社团健康发展。本研究是基于前人在高校学生理论社团的研究基础上进行的，不同的是本研究是针对学生理论社团的一个个案的构建和发展所进行的分析研究，因此是对高校大学生理论社团研究的进一步拓展。大学生除了学习科学文化知识，更重要的是在社团中学习其他综合性的知识，锻炼自我，实现自我提高与完善，因而本研究对指导大学生全面成长成才有一定的辅助意义。高校学生社团是高校校园文化的建设者和丰富者之一，积极、健康的校园文化对大学生形成良好的世界观、人生观、价值观有着重要的作用，而理论社团更是对大学生的思想政治素质有着引领性的作用，因此，本研究对建设和丰富高校校园文化有着重要的意义。本研究着眼于自发形成的学生理论社团的构建和发展，这对内生型高校学生理论社团的自身建设和健康发展有着参考性的意义。

第三，拓宽大学生理论学习平台，促进大学生思想政治教育。理论社团是高校思想政治教育的内在需求。高校学生理论社团作为帮助在校大学生学习理论知识的平台，其本身就包含了大量的思想政治教育的因素，在校园文化生活中应当占有主导地位，同时它也是社会主流文化中的一种形式。应当让每个加入高校学生理论社团的学生都能够参与到充实而有效的社团活动中来，并且在潜移默化中和自我教育中接受马克思主义理论，健全其世界观、人生观和价值观。因此，研究这样一种自主学习、自发实践、以马克思主义理论为主要学习内容的高校理论社团是大学生的内在需求，既拓宽了大学生理论学习的平台，也丰富了大学生的校园文化生活，在多种多样的学习与活动中，促进大学生思想政治教育。

综上所述，Q学社作为一个由学生自发形成的马克思主义理论学习型社团，它的出现表明有一部分青年学生已不满足于思想政治理论课的学习，他们希望更多地学习马克思主义理论知识，并将这些理论付之于实践，用他们自己的行动，关心社会、关爱工农。

对于这个社团的研究，有着极其重要的意义。这样一个理论社团，它绝不是突然出现的，它的出现势必经过了一个艰苦的过程；而它的构建和发展，也是在不断调整、实践的过程中实现的；它的未来，仍然需要大家去关注、研究、提出建议。因此，研究这样的社团，为高校其他理论社团的发展提供了借鉴，也为青年的成长开拓了思路，为高校思想政治建设打开了新的局面。

第二节　研究现状

目前国内学者对于高校学生社团的研究层出不穷，但对于学生理论社团的研究则相对较少。另外，对于学生理论社团的研究，也大多数局限于学校团委直接组织形成的理论社团，对于近年来新兴起的内生型大学生理论社团，则少有研究者对其进行研究。同时，国内对理论社团的研究主要侧重于对理论社团出现的问题探究与对策分析、理论社团的内涵与功能等较为宏观的研究内容。就国内对理论社团的研究而言，主要有以下一些内容。

一、理论社团的地位和作用

中共中央、国务院《关于进一步加强和改进大学生思想政治教育的意见》（中发〔2004〕16 号）颁布之后，各个高校都十分重视学生理论社团的建设与发展。长期以来，各个高校不断加强对学生理论社团的支持与引导，在场地使用、活动开展、经费投入、指导老师聘请等方面积极为社团创造条件。从各个高校对学生理论社团的重视程度可见，理论社团在思想政治教育中有着重要的地位和作用。

第一，高校学生理论社团是大学生思想政治教育的有益补充和活动载体。丛潜等在《理论社团在大学生思想教育中的作用研究》中认为，"理论社团是学习和宣传党的思想和理论的重要窗口，进行大学生思想政治教育的重要基地，活跃和繁荣校园文化的重要推动力量，开展社会实践活动的重要组织者"。陈丽红等在《高校理论社团在大学生思想政治教育中的效用分析》中分析道，对于理论社团在思想政治教育中的独特地位和作用，可以概括为"思想教育的主阵地、研讨交流的主渠道、理论学习的先锋队、实践创新的生力军"。河北科技大学的刘杨在他的硕士学位论文《高校学生理论社团建设与发展研究》中总结道，理论社团在充分提高思想政治教育的吸引力、积极发挥思想政治教育的主导性、不断促进思想政治教育的创新力、极大增强思想政治教育的实践性等方面有着重要的作用。因此，高校学生理论社团是思想政治理论课的有益补充，也是思想政治理论课实践教学的第二课堂。西安科技大学的赵争在他的硕士学位论文《高校大学生理论型社团的现状及发展对策研究》中分析说，高校学生理论社团是学习和宣传马克思主义的重要阵地，它以学习、研究、宣传和实践马克思主义理论知识，教育引导青年学生健康发展为其根本目标。它利用课余时间，通过组织广大学生成员认真学习马克思主义及其中国化理论成果的有关论述，使大学生理论型社团成为高校学习研究和宣传马克思主义的重要阵地。

第二，高校学生理论社团是大学生学习理论知识、坚定马克思主义信仰以及实践党的创新理论的重要渠道。一是理论社团引导学生主动学习马克思主义理论，引导学生关注社会、关注现实，促进大学生用马克思主义唯物论的眼光看问题、分析问题。二是高校学生理论社团推动了高校思想政治教育，辅助高校思想政治理论课，推动大学生提高综合素质，推动了和谐大学校园文化建设。三是高校学生理论社团是高校马克思主义大众化的助推器。理论社团组织大学生学习理论知识，通过讲座、实践等形式，客观了解社会现实，维护了马克思主义思想在大学生中的主导地位。四是高校学生理论社团培养青年马克思主义者，大学生通过在理论社团的学习、实践，树立正确的世界观、人生观、价值观，坚定马克思主义的信仰，成为真正的马克思主义者。可见，高校学生理论社团对引领大学生思想素质有着重要的作用。

第三，高校学生理论社团是实现思想政治教育效果的重要阵地。北京科技大学的彭庆红、刘雨芙在《理论社团：高校思想政治教育的新阵地》一文中指出，理论社团不仅是高校思想政治教育的新阵地、新途径、新载体，而且是学生骨干与优秀人才的重要培养基地，它拓展了高校思想政治教育的覆盖面，创新了高校思想政治教育的途径与方式，增强了高校思想政治教育的吸引力和感染力，是高校学生骨干与优秀人才的培养基地。何海兵在《"红色社团"的兴起对思想政治教育的影响》一文中认为，高校学生理论社团提高了思想政治教育的实效性。大学生积极组建各种理论社团并积极开展活动，表明大学生密切关注社会，是大学生关心社会、关心国家、关心政治的优秀表现。这就有力地配合了学校的思想政治工作，坚定了大学生的政治方向、政治立场，提高了政治鉴别力、政治敏锐性和政治洞察力，提高了大学生的政治素质，增强了思想政治工作的针对性和实效性。

二、理论社团的发展情况和局限性

随着大学生理论社团建设的推进，研究这类社团的学者和文献也越来越多。目前我国学者对于理论社团的研究，主要关注由学校团委直接组织领导的学生理论社团，这类社团占有极为丰富的资源，在大学生思想政治教育过程中占有极其重要的地位，发展也越来越好。然而，其作为主流思想的宣传载体，发展也受到了一些局限。

第一，发展规模越来越大。李成超、孙武安在《高校红色社团建设与大学生思想政治教育》一文中介绍，近几年来，红色社团发展迅速。据了解，在全国高校中，已有2000多个学习、宣传和实践社会主义现代化建设理论的红色社团。清华大学"学生马克思主义学习研究协会"已在全校21个院、系及大专部成立了"学生马克思主义学习研究分会"。北京科技大学红色理论社团"求是"学会以校级为龙头、院级为纽带、班级为小组，三位一体，覆盖全校，影响较大。

第二，活动趋于多样化。目前，高校大学生理论社团的活动已经不拘泥于传统的读书讨论等形式，而增加了如辩论赛、演讲比赛、宣讲比赛等各方面的活动。王赫、关颖和张沙艳在《我国大学生理论社团的发展现状与作用研究》中阐述道，学生理论社团从活动内容来看，呈现出由以兴趣型为主向兴趣型和务实型并重转变、由单纯的理论为主向实践型和科研型并重转变的趋势。最近几年来，大学生参加理论社团，逐渐从纯粹的兴趣到现在的兴趣＋务实转变。面对竞争激烈、快速发展的社会，他们希望能在社团生活中发展自我，完善自我。加强理论学习，提高社会竞争力，充分体现了当代大学生的求实态度。

第三，社团发展受到局限。作为一个主流思想的宣传平台，理论社团的宣传内容难免会受到局限，有些社团甚至举办了一些与理论学习、实践研究不相干的娱乐活动，丧失了理论社团应有的理论学习氛围，而那些真正想要学习马克思主义理论的青年更希望加入有更高层次、更好氛围的社团中进行学习。这就使得这些理论社团的关注度渐渐下降，无法满足学生对社团的更多需求。

三、理论社团存在问题及对策

目前对于理论社团存在问题及对策的研究较多，观点比较相似，大部分学者认为现阶段理论社团存在的问题主要有以下几方面。

第一，社团成员素质参差不齐，一些学生入社目的不纯。这是研究者提到最多的问题之一。随着高校学生理论社团的发展，其资源优势日趋显现，越来越多的学生关注到它们。高校学生理论社团在大量吸引人才的同时，也吸收了一部分入社目的不纯的学生。这类社团普遍在各个高校占有极其重要的地位，是所谓的"大社团"，除了占有丰富的活动资源外，也占有丰富的人脉资源。这就使得一些学生对其动起了"歪脑筋"。一些学生加入社团仅仅是为了"入党"，或者是入党之后的各种荣誉、奖励，而并非为了学习理论知识、用理论武装大脑。这部分学生关注理论社团，加入理论社团，甚至可能成为理论社团的管理者，这就使得一些高校的学生理论社团成员质量大大下降。为了广泛吸收会员，社团招收了这些入会目的不纯的会员，影响了会员的整体素质。

第二，社团缺乏指导，管理不够规范。华中师范大学的魏一在硕士学位论文《高校大学生理论学习类社团研究》中说道，学校层面上的主管部门对高校大学生理论学习类社团的管理力不从心。由于高校大学生理论学习类社团的主管部门一般是团委，然而，团委本身承担着大量的事务性工作，放到学生理论学习类社团上的精力和物力只能是一小部分，而理论学习类社团建设又是一项纷繁复杂、耗时耗力的工作，许多专业性比较强的大型活动，需要学校多个部门齐抓共管，单靠团委是不够的。因此，社团难以有长久、持续的指导，对自身机制建设也难以规范化、系统化，更多时候则是社团自由发展。

第三，社团活动缺乏生命力，难以吸引学生。一些大学生对于理论社团的兴趣不大，十多年的思想政治理论课学习使得一部分学生对学习理论有一定的抵触，而理论社团的活动一般以学习、讲座为主，活动形式较为单一，存在着形式主义，社团活动的亮点、闪光点较少，无法吸引到更多有理想、有追求的青年来学习。胡德岭在《对高校学生理论社团建设与引导的思考》中说，理论社团的学习与实践脱节，缺少活力。目前高校中参加理论社团的大学生较少，主要原因在于单调高深的理论类社团，对于意气风发又朝气蓬勃的大学生来说，不大具有吸引力。从长远看，青年大学生基于兴趣爱好和个人发展而产生的结社需求，是高校社团发展和改革的必然结果，须因势利导，促其健康发展而完善团组织领导下的社团组织体系，不仅为团组织在社团中开展工作提供坚实的组织保证，也为新时期的共青团组织建设提供有益的探索和尝试。王明滨在《首都高校思想政治类学生理论社团发展现状分析》一文中说，由于学生社团大量涌现，社团活动雷同化也较为突出。王明滨通过调查发现，学生对于社会实践、社区志愿服务、文艺表演、小组讨论等学生活动常见和通常的方式，喜欢的仅占 12% 左右，这与访谈了解到的情况是相符的。因为在举办大型活动中，社团会得到学校相关部门的指导与支持，加之社团骨干和成员的积极性能够得到很好的调动，从而使大型活动比较成功，而其他小型活动及常规活动，一方面得到的指导和支持少，另一方面有兴趣的同学与参与的同学也相对较少。

此外，随着全球化的发展以及信息化的发展，大学生受到各种社会思潮的影响，一些负面影响使得理论社团难以管理，甚至举步维艰。

在提出上述问题的同时，大多数研究者也提出了一些对策。如确立会员的考核机制，确保会员有一定的理论素质，纯净会员入会的动机；加强管理和引导，重视理论社团的发展；积极创新活动形式，拓宽活动平台，以吸引更多的学生一起学理论、共实践。北京交通大学的陈磊、韩惠识在《当前高校理论社团发展现状、存在问题及其对策探究》中认为，应当"三管齐下"引领思想建设，"线上线下"创新活动形式；引进高水平研究力量，采取激励机制有效促进；引进高水平研究力量，采取激励机制有效促进。

葛振国、邢云文在《"五四"前后学生社团传播马克思主义的经验与启示》一文中认为，当代大学生理论社团应当把寻找社会热点和满足学生需求相结合，形成学生社团推进马克思主义大众化的内在动力，在寻找和分析理论热点问题过程中，开阔理论视野，使其进一步形成正确的认识论和方法论，形成科学的解决思想和现实问题的能力；应当把锻炼学生能力和培养优秀人才相结合，打造学生社团推进马克思主义大众化的骨干力量；应当把丰富活动形式和加强扶持引导相结合，强化学生社团推进马克思主义大众化的活动载体；应当把重视理论学习和加强社会实践相结合，拓展学生社团推进马克思主义大众化的实践平台。

张凤在《理论学习型社团在思想政治教育中的功能初探——以首都师范大学研究生理论学习型社团"1144"模式为例》中总结，大学生理论社团首先需要创新内容，探索理论学习型社团分类施教；其次需要创新载体，拓展理论学习型社团实践功能；最后需要创新监管，强化理论学习型社团促管并重。这样才能保证大学生理论学习社团在思想政治教育中的作用。

华中师范大学的汪培在《谈高校理论学习社团的建设与发展》中也对理论社团的建设提出了一些解决办法。一是理论学习模式的创新。新形势下，理论学习社团要致力于改变过去单纯、枯燥的理论学习模式，增加体验式学习的比重，力图通过新颖、活泼的形式吸引学生，引导学生走出教室，参与到形式丰富、内涵深刻的理论学习中来。二是学生培养机制的创新。良好的培养机制是保证学生理论学习成果的关键之所在，高校理论学习社团必须从学生群体的实际出发，探索新形势下理论学习的培养机制。一方面，应注意对学生骨干的理论培养，可以通过学生骨干来带动和促进广大学生参与活动；另一方面，应努力建设多部门合力育人的培养机制，与高校职能部门、院系密切协调，对学生进行多层次、多角度的理论培养和实践锻炼，帮助其实现全面发展。三是宣传手段的创新。网络是新时期宣传马克思主义经典理论的新渠道，也是培养学生树立正确的世界观、人生观和价值观的新课堂。基于网络、手机短信等信息工具的时效性和普及性以及青年学生的认同感，建议高校理论学习社团要及时利用它们建立自己的信息宣传阵地，为理论学习注入新的活力。

这些研究对于高校理论社团的建设具有普遍的指导意义，也为笔者的研究提供了坚实的基础。

第三节 概念界定

在对原有文献整理的基础上，本书对理论社团和内生型理论社团这两个概念进行了简要界定，这也是本书的理论基础。

一、理论社团

大学生理论社团，指的是由高校在校学生组成的，以研究马克思列宁主义、毛泽东思想和中国特色社会主义理论体系为主要内容，并据此进行理论宣传和学术研究的社团。与一般的学生社团不同，大学生理论社团帮助成员树立马克思主义的立场、观点和方法，成为一个青年马克思主义者的学生组织。由于这类社团以马克思主义为指导思想，与主流的思想一致，因此也有学者生动地称为"红色社团"。目前我国高校大多数理论社团都是由高校团委直接组织构建并领导的，经费由学校团委直接拨付，在组织活动的同时，还附带组织形势与政策讲座等活动，承担高校大学生思想政治教育工作中的部分内容。因而从高校理论社团的组织构建来看，具有鲜明的政治性。同时，高校理论社团由于只属于学校团委组织管理，因而也具有一定的严肃性。高校理论社团通常组织一些全校性的学习活动，具有突出的时代性。整个高校学生理论社团体系，在各个高校团委的大力支持和努力下，不断壮大，成员众多。可见这些理论社团对于大学生的思想政治素质影响巨大。

二、内生型理论社团

目前我国主要高校的大部分理论社团从筹备到建设都离不开学校党委和团委的帮助，由学校党委和团委直接领导，并在团委的指导下开展工作，我们把这样一类社团定义为"外源性理论社团"。即使这类社团在刚成立发起的时候是由学生自发组织形成，但在后续发展过程中，却受到了学校党委、团委的帮助而由学校党委和团委直接领导并开展工作、招募新成员、组织活动，这一类社团同样也定义为"外源性理论社团"。

内生型理论社团，指的是在社团的筹备、组织前期，是由学生自发组织形成的，他们没有学校党委、团委等校级机构的帮助和指导，学校社团主管部门只负责对其进行审核、考察等常规工作，与其他普通社团一样，并不会对其进行优待。在社团成立之后、开展活动之时，学校党委、团委也并不直接领导社团的活动，只在社团活动的审核、场地以及资金方面给予与其他社团同等的支持。

因此，本书所研究的对象——内生型大学生理论社团，指的是完全由学生自发组织形成、自我管理、自我学习的，以学习马克思主义理论和实践为主要内容的学生社团。

第四节 理论基础

在对 Q 学社的产生、运转、发展的研究中，主要的理论基础是基于社会学中的结构功能主义。而对于 Q 学社在大学生思想政治教育过程中的影响和作用的分析讨论，则主要基于思想政治教育的自我教育法以及环境对思想政治教育的影响、思想政治教育效果的评估等方面的理论基础。因此，下文主要阐述以上两大部分理论基础的主要内容。

一、社会学的结构功能主义理论

结构功能主义是第二次世界大战后在美国崛起的最主要的社会学流派，它强调社会整体、稳定以及功能秩序。结构功能主义由美国著名社会学家帕森斯创立，主要内容包括了社会行动理论、模式变量理论和结构功能分析理论。社会行动理论是说社会的行动将会分为各个小的行动单元，每个单元又包括行动目标、行动的手段和工具、行动所需的条件以及行动需要的社会标准，这一部分内容为本研究的分析提供了最基本的概念。模式变量指的是区分社会结构、区分行动过程中行动者的主观取向的类型学工具，这一概念在本研究中几乎用不到。本研究中用到的最重要的理论基础是结构功能分析理论，下面对其进行主要阐述。

帕森斯首先提出了功能分析的框架，即 AGIL 四个部分。第一个是适应功能（A），它确保系统得以从环境中获得所需要的资源，并且能够在系统中进行分配；第二个是达鹄功能（G），它的意思是确定系统的目标以及各个目标之间的主次关系，并能够调用社会资源使目标得以实现；第三个是整合功能（I），即使系统的各个部分协调统一成为一个起作用的整体；第四个是维模功能（L），也就是要维持共同价值观的模型，并使得它在系统内保持制度化。帕森斯认为，行动系统中的上述 AGIL 各个功能，分别指经济系统、政治系统、社会系统以及文化系统这四个要素的基本功能。

之后默顿提出了功能分析的范式，他强调在功能分析上应该注意分析社会文化事项对个人、社会群体所造成的客观后果，因此他提出了应该区分外显功能和隐性功能，区分正功能与负功能。顾名思义，外显功能指的是那些有意造成的，并有可能认识到的后果，而隐性功能是指并非有意造成的，不能被认识到的后果；正功能指的是对群体的整合与内聚有贡献的功能，而负功能指的则是使得群体破裂的功能。另外，默顿还提出了功能选择的理念，指的是某个功能项目被其他的功能项目替代或者置换之后，仍然可以满足社会的需要。

帕森斯非常强调秩序、行动和共同价值体系在社会结构中的作用。他始终认为，研究社会结构就是研究秩序问题。结构功能主义者认为，一致的道德或者说是共同的价值观念让整个社会维系在一起。他们认为社会群体中的个人之间差异很小，集体中的成员具有类似的特质，比如有类似的价值观、类似的信仰等，而群体之中个人的行动也总是自发的、自愿的，同时也是集体的，成员之间相互依赖，但依赖性不高。这也就可以解释笔者所研究的内容之一：为什么一些有志青年会自发聚在一起，组成理论社团，学习理论知识，共同探讨，求同存异？

二、思想政治教育学的相关理论

思想政治教育是人类社会实践的一个重要方面，是指社会或社会群体用一定的思想观念、政治观点、道德规范，对其成员施加有目的、有计划、有组织的影响，使他们形成符合一定社会所要求的思想品德的社会实践活动。我国的思想政治教育以马克思主义为理论基础，以世界观、人生观、价值观教育为最根本的内容。在本研究中，笔者主要运用了思想政治教育学的相关理论。

第一，思想政治教育的自我教育法。自我教育法是思想政治教育的一种方法，指的是受教育者在自我意识的基础上通过自我认识、自我体验、自我控制产生积极进取之心，主动接受先进思想和正确行为，进而形成良好的思想品德和行为的方法。自我教育法分为个体的自我教育和群体的自我教育。在 Q 学社的活动中，主要采取的是自主学习和讨论的方式，通过学习理论、分析社会现实，达到思想政治教育的目的。这就是运用了思想政治教育的自我教育法，同时又结合了说理引导法和实践锻炼法，对理论和现实进行深刻学习和深入了解，达到提高自我思想政治素质的目的。

第二，思想政治教育的环境影响论。经济环境是决定思想政治教育的基础，直接影响着培养人的思想政治品德。正如马克思主义基本原理所说，经济基础决定上层建筑，个人所处的经济环境，对其思想政治品德的形成有着极大的影响。政治环境是指受教育者所处的社会政治情况，这是受教育者思想政治品德形成发展的根本制约因素，直接影响着受教育者的政治素质、政治方向和政治观念。同时，社会的精神文化，即社会理想、社会风气、社会思潮、社会舆论等内容，引导受教育者树立崇高的理想，形成正确的世界观和人生观，对受教育者的思想政治品德的形成具有最基本的影响。对于笔者的研究来说，受教育者所处的成长环境，对其思想意识的发展起到了重要作用。在笔者的研究中，初步可见这些更加愿意主动学习马克思主义理论的学生中，更多的是家庭条件一般甚至是比较困难的，而这一现象也进一步印证了"经济环境是决定思想政治教育的基础"这一原理。

第三，思想政治教育效果的价值评估论。思想政治教育的地位和价值是由一个社会的经济基础决定的，同时也为其服务。社会主义社会决定了思想政治教育必须是社会主义性质的，同时，思想政治教育内容的混乱会对社会的发展和稳定起到反面作用，从而影响到社会经济的发展。思想政治教育对群众的思想意识起导向作用，引导人们培养正确的世界观、人生观和价值观，并引导人们对特定事件表现出特定的行为状态。同时，思想政治教育保证了社会改造的进行和持续，是推动社会建设、维护社会管理的精神力量。此外，思想政治教育还能协调人与人之间的关系，协调人们之间的利益矛盾和心理状态，改变人们错误的主观判断。对思想政治教育价值的正确评估，可以对以后的思想政治教育进行一个方向性的指引，同时对已进行的思想政治教育内容进行诊断和调节，并对思想政治教育的内容进行强化和抑制，对其他方面的思想政治教育内容提供咨询和分析。对思想政治教育效果的评估，必须要遵循方向性、教育性和科学性的原则，才能得到正确的评估结果，起到合理的评估作用，以契合所需要的思想政治教育的目的。在笔者的研究中，主要对 Q 学社的效果进行评估，以此评估思想政治教育的价值，为以后的研究和同类社团的组织建设提供思考和借鉴。

以上理论，对 Q 学社进行深入的研究，并探讨其对高校大学生思想政治教育的作用和意义，其对其他高校理论社团建设的借鉴意义，有着重要的基础作用。

第五节　研究思路和方法

在笔者的此次研究中，研究的主要内容是关于一个小型组织的运行机制的分析和探讨，因而主要运用一些社会学的研究方法，以获得真实的、第一手的资料，并且通过切身的体验和对现象的分析，达到所要研究的目的。在这次调查中，笔者的主要研究思路和研究方法如下。

一、研究思路

Q 学社的出现不是一个偶然现象，在清华大学、中国农业大学、中国矿业大学等都有类似的学生社团出现，本研究笔者以 Q 学社为例，以其作为一个标本，对这一类社团的出现进行详细的研究。选取 Q 学社作为标本，是因为笔者能够更加方便地得到一些第一手的资料，同时笔者可以以其中一员的身份，对其成员的情况和思想状态进行更加深入的了解。

在对 Q 学社的发起的研究过程中，主要采取了对主要发起人进行访谈的办法，详细了解社团筹备、组建的始末，并对社团筹备期间的会议记录进行了收集和整理，由此还原出当时筹备建社的情景和过程。在对 Q 学社的组织构建和活动内容的研究过程中，主要采取参与观察的方法，切实对社团的组织构建和活动进行的状况进行实地考察与研究分析，并在对社团执委会成员的访谈了解中加深对社团组织构建意义和目的的了解，对社团各个有机组成部分的形成、发展和职能作用获得更加直观的了解。在对 Q 学社活动效果的评估分析中，主要通过访谈和问卷的形式对其进行定性与定量的评估，切实体现出社团活动对学生思想意识动态影响的变化，得出本研究的结论。笔者试图通过对社团组织构建、活动举行的一些特点进行分析比较，并根据笔者自身对社团工作的经历和经验，对 Q 学社的构建和发展提出一些可行的建议，同时也期待学社的发展更加稳健。

此外，在本项目的研究过程中，为了尊重当事人的隐私权，本书中的人物均为化名。在研究中，笔者主要运用了以下几种调查方法。

二、研究方法

第一，文献研究法。文献研究法是一种非常常用的、传统的社会学研究方法，它通过对不同时间段、不同地区作者的著述、论文的研究，了解调查对象的研究现状以及已有的研究成果。在这次研究过程中，首先采用的就是文献研究的方法，希望通过对大量已有文献、著作的研究，对所研究的学生社团主要是思想政治理论类社团有所了解，并依此确定研究的方向和内容，开展相关的调查。同时，根据已有的研究内容，分析得出所要研究内容的可创新之处，并针对文献中的内容和所要研究内容的具体情况进行研究的设计与讨论。在研究过程中，笔者在最大程度上对社团相关的文件资料进行了收集，主要有社团筹备过程中的会议讨论记录、社团建设过程中所积累下来的会议记录、社团活动的总结分析、社会实践的相关报告、社团成员的学习体会感想等材料。通过对这些材料的收集整理，并对这些与课题直接相关的第一手资料进行分析，还原当时学会发起过程中的讨论情景。这些材料都让笔者对 Q 学社的整个发展过程有了一个直观的认知，并为笔者对该学社的研究提供了基本的渠道。尽管收集到的材料已经很丰富了，但很多材料由于时间的流逝而渐渐流失，一些关于社团成员最初相遇相识的材料也早已无从考究，加之最初的社团成员已经毕业，一些资料只能通过尚能联系上的几位成员的回忆得到，因此材料难免有所缺失。

第二，参与观察法。参与观察法同样是社会学研究中的一种十分常用的研究方法。对于某一个特定群体的研究，参与观察法能够获得最直观的资料与体验。笔者此次对于 Q 学社的研究，主要就是采用了参与观察的方法。首先通过参加该学社组织的活动，对这个社团有一个总体的粗略的印象，接着亲自参与到社团的活动组织中去，通过与学社成员的交流、学习，全面了解这个学社的现状以及发展情况。在同学社成员的接触学习、共同进步中，笔者与他们建立了和谐友好的关系，他们也认可笔者作为他们中的一员共同学习进步。在研究过程中，笔者着重参加了学社具有代表性的读书会、社团讲坛、名师讲台等重要活动，在活动中对 Q 学社有了更加直接的体会和感受。在和 Q 学社会员的共同学习中，笔者感受到了他们的认可和接纳，也体会到了这个小集体的深厚友情。从另一个角度，笔者并没有完全投入学社的活动当中，而是保持一定的距离，主要是考虑到本研究需要对社团的整体运行、发展情况进行尽可能客观的评价，因此对一旦完全深入社团后可能加入的情感因素有所顾虑。在不断地参与其中与保持距离的过程当中，笔者通过多个角度对学社进行观察，从而分析得出更加全面的结论，也可以避免研究过程中可能产生的主观性的臆断。

第三，问卷调查法。问卷调查法是最常用的社会科学研究方法之一，用于收集资料，以及后期对资料的整理分析。在笔者的这次研究中，问卷调查法虽并未作为一个主要的研究方法，但在针对 Q 学社成员的整体背景和特点，以及通过学社的学习活动对成员的思想意识产生的影响这些内容的分析中，占有重要比例。此次的研究中并没有把问卷调查作为主要的收集资料的方法，主要原因在于研究的对象是大学生中的一小部分群体，他们身上有着鲜明的共同点，而社团活动对其产生的影响通过与成员的访谈和学习研究他们的学习心得、实践体会等材料同样能够得到最直接的材料，问卷调查作为对这一部分的补充，发挥其作用。此外，学会成员真正的收获，是难以通过调查问卷量化得到的，每个人的收获都是具体的、主观的，是一种非标准化、无结构性的定性资料。因此，社团成员的个人思想以及社团的结构和运行机制是本研究的重点，至于其他学生对此类社团的认识仅仅作为一个辅助参考条件，为此类社团在大学生生活中的作用提供分析参考依据。本研究中问卷调查的内容，主要是针对 Q 学社成员与其他社团成员在成长背景、学习兴趣点以及思想倾向等方面做一个具体的统计，以期对社团的特点进行总结和分析。在此次问卷调查中，针对 Q 学社全体成员共发放 37 份问卷，有效回收 37 份，回收率为 100%；同时针对同为学生理论社团的求是学会发放问卷 37 份，有效回收 35 份，回收率 95%，基本达到了预期的调查目的。本次问卷调查样本较小，主要是由于 Q 学社作为一个比较小众的社团，成员人数较少，参与调查率几乎达到 100%。而针对求是学会的调查问卷，主要是对求是学会主席团成员以及随机抽取的普通学会成员的调查。

第四，访谈法。参加活动只能对整个社团有一个大致的了解，如果想要深入了解这个社团，还必须深入了解这个社团的成员。虽然 Q 学社在不断壮大，不断吸收新的成员，但是新成员的加入动机各不相同，对学社的了解也会由浅入深，通过参加学社的学习活动，会有一些成员退出，同时也会吸引新的成员加入。通过与学社骨干成员和普通成员的交流，每个成员对自己的思想、对学社的认识都会有所变化。因此，为了了解新老社员对学社的认识、了解学社在他们生活中起到的积极作用，有必要通过对他们的访谈来了解。同时，对学社筹备建社之初的大量具体工作，也只有在同学社发起人的交谈中才能得到最贴切的第一手资料。因此，访谈法也是笔者此次研究中的重要方法之一。在此次研究中，笔者主要采用的是个别访谈，同时结合集体访谈；主要采取结构式访谈，同时结合非结构式访谈的方法。也就是对社团的骨干成员进行个别访谈，而对普通会员则通过进行集体访谈共同讨论关于学社的一些情况和看法。同时，对访谈内容进行规划，进行结构式访谈，并通过访谈过程中产生的问题，及时调整访谈内容，通过发散性的思维以及聊天的形式，进行非结构式访谈，从各个角度充分、深入地了解社员的思想动态与学社对他们的影响，了解学社的运行机制。

主要访谈对象介绍：（为保护人物隐私，本研究中的研究对象均采用化名）

易邦国——星火服务社成员，关爱工农社会实践活动主要成员，多次试图发起理论学习社团未果。

刘成成——社团最初八名发起人之一，从关爱工农社会实践活动开始便参与活动的组织，并完成了社团最终的成立答辩。

吴浩天——社团最初八名发起人之一，社团骨干，现社团理事会成员，至今仍为社团的组织和建设做着贡献。

邓子豪——社团最初八名发起人之一，社团骨干，现社团理事会成员，至今仍在社团的定位和发展中起着重要作用。

吉利伟——社团最初八名发起人之一，社团骨干，为社团的发展和建设做出了突出贡献。

苏文然——笔者开展研究时的社团会长，整体负责社团工作。

高鹏飞——最初支持社团成立的学长，至今仍然关心社团的发展。

彭旭——社团指导教师，大力支持社团发展的老师之一，为社团的学习资源、资金来源提供了不少资源。

余文——大力支持社团发展的老师之一，义务为社团举行讲座若干。

李梅——支持社团发展的老师之一，为社团的发展提供建议与支持。

徐洪武——校团委宣传部负责老师，为社团的发展提供了支持与帮助。

本章小结

（1）研究背景和意义。

2018年5月2日，习近平总书记寄语青年：要忠于祖国，忠于人民；要立鸿鹄志，做奋斗者；要求真学问，练真本领；要知行合一，做实干家。青年学生的成长预示着祖国的未来，而学生社团越来越成为思想政治理论教育发挥思想引领作用的重要阵地之一。当一部分理论社团在发展中不断遇到瓶颈、产生问题的时候，另一种社团开始崭露头角，在青年学生的生活中起到积极作用。

Q学社就是这样一个在组织形成初期没有学校党委、团委这些组织的干预而形成的马克思主义理论学习型社团。它的出现表明，有一部分青年学生已不满足于思想政治理论课的学习，他们希望更多地学习马克思主义理论知识，并将这些理论付之于实践，用他们自己的行动，关心社会、关爱工农。

这一类社团的出现，与学校团委根据思想政治教育工作需要而组织的理论社团不同，它由学生自发组成、自主学习、自我管理，对于这个社团的研究，有着极其重要的意义。第一，拓宽高校学生理论社团的研究视野，提高大学生理想政治素质。第二，丰富高校校园文化，促进高校大学生理论社团健康发展。第三，拓宽大学生理论学习平台，促进大学生思想政治教育。

（2）研究现状。

大学生理论社团虽然在高校学生的思想中起到了十分重要的作用，但目前国内学者对于学生理论社团的研究则相对较少。另外，对于学生理论社团的研究，也大多数局限于学校团委直接组织形成的理论社团，对于近年来新兴起的内生型大学生理论社团，则少有研究者对其进行研究。同时，国内对理论社团的研究主要侧重于对理论社团出现的问题探究与对策分析、理论社团的内涵与功能等较为宏观的研究内容。就国内对理论社团的研究而言，主要有以下一些内容。①理论社团的地位和作用：第一，高校学生理论社团是大学生思想政治教育的有益补充和活动载体。第二，高校学生理论社团是大学生学习理论知识、坚定马克思主义信仰以及实践党的创新理论的重要渠道。第三，高校学生理论社团是实现思想政治教育效果的重要阵地。②理论社团的发展情况和局限性：第一，发展规模越来越大。第二，活动趋于多样化。第三，社团发展受到局限。③理论社团存在问题：第一，社团成员素质参差不齐，一些学生入社目的不纯。这是研究者提到最多的问题之一。第二，社团缺乏指导，管理不够规范。第三，社团活动缺乏生命力，难以吸引学生。此外，随着全球化的发展以及信息化的发展，大学生受到各种社会思潮的影响，一些负面影响使得理论社团难以管理，甚至举步维艰。

在提出上述问题的同时，大多数研究者也提出了一些对策。如确立会员的考核机制，确保会员有一定的理论素质，纯净会员入会的动机；加强管理和引导，重视理论社团的发展；积极创新活动形式，拓宽活动平台，以吸引更多的学生一起学理论、共实践。这些研究对于高校理论社团的建设具有普遍的指导意义，也为笔者的研究提供了坚实的基础。

（3）概念界定。

在对原有文献整理的基础上，本研究对理论社团和内生型理论社团这两个概念进行了简要界定，这也是本书的理论基础。

理论社团：大学生理论社团，指的是由高校在校学生组成的，以研究马克思列宁主义、毛泽东思想和中国特色社会主义理论体系为主要内容，并据此进行理论宣传和学术研究的社团。与一般的学生社团不同，大学生理论社团帮助成员树立马克思主义的立场、观点和方法，成为一个青年马克思主义者的学生组织。目前我国高校大多数理论社团都是由高校团委直接组织构建并领导的，经费由学校团委直接拨付，在组织活动的同时，还附带组织形势与政策讲座等活动，承担高校大学生思想政治教育工作中的部分内容。因而从高校理论社团的组织构建来看，具有鲜明的政治性。同时，高校理论社团由于只属于学校团委组织管理，因而也具有一定的严肃性。高校理论社团通常组织一些全校性的学习活动，具有突出的时代性。

内生型理论社团：与上述理论社团不同，内生型理论社团，指的是在社团的筹备、组织前期，是由学生自发组织形成的，他们没有学校党委、团委等校级机构的帮助和指导，学校社团主管部门只负责对其进行审核、考察等常规工作，与其他普通社团一样，并不会对其进行优待。

也就是说，本书所研究的对象——内生型大学生理论社团，指的是完全由学生自发组织形成、自我管理、自我学习的，以学习马克思主义理论和实践为主要内容的学生社团。

（4）理论基础。

在对 Q 学社的产生、运转、发展的研究中，主要的理论基础是基于社会学中的结构功能主义。而对于 Q 学社在大学生思想政治教育过程中的影响和作用的分析讨论，则主要基于思想政治教育的自我教育法以及环境对思想政治教育的影响、思想政治教育效果的评估等方面的理论基础。

社会学的结构功能分析理论：A——适应功能（确保系统得以从环境中获得所需要的资源，并且能够在系统中进行分配）；G——达鹄功能（确定系统的目标以及各个目标之间的主次关系，并能够调用社会资源使得目标得以实现）；I——整合功能（使系统的各个部分协调统一成为一个起作用的整体）；L——维模功能（维持共同价值观的模型，并使得它在系统内保持制度化）。

思想政治教育学的相关理论：第一，思想政治教育的自我教育法，指受教育者在自我意识的基础上通过自我认识、自我体验、自我控制产生积极进取之心，主动接受先进思想和正确行为，进而形成良好的思想品德和行为的方法。第二，思想政治教育的环境影响论。第三，思想政治教育效果的价值评估论，包括对思想政治教育价值的评估和对思想政治教育效果的评估。

以上理论为笔者的研究打下了基础。

（5）研究思路和方法。

此次研究的主要内容是关于一个小型组织的运行机制的分析和探讨，主要通过对社团的发起过程、组织结构和外部支持、主要活动内容和其功能实现以及社团面临的困顿等问题开展调研，对其未来发展提出展望和建议，并研究其对其他大学生理论社团的启示。本研究主要采用了以下具体的研究方法。

第一，文献研究法。通过对大量已有文献、著作的研究，对所研究的学生社团主要是思想政治理论类社团有所了解，并依此确定研究的方向和内容，开展相关的调查。在研究过程中，笔者在最大程度上对社团相关的文件资料进行了收集，主要有社团筹备过程中的会议讨论记录、社团建设过程中所积累下来的会议记录、社团活动的总结分析、社会实践的相关报告、社团成员的学习体会感想等材料。

第二，参与观察法。笔者此次对于 Q 学社的研究，主要采用了参与观察的方法。首先通过参加该学社组织的活动，对这个社团有一个总体的粗略的印象，接着亲自参与到社团的活动组织中去，通过与学社成员的交流、学习，全面了解这个学社的现状以及发展情况。

第三，问卷调查法。在笔者的这次研究中，问卷调查法虽并未作为一个主要的研究方法，但在针对 Q 学社成员的整体背景和特点，以及通过学社的学习活动对成员的思想意识产生的影响这些内容的分析中，占有重要比例。

第四，访谈法。在此次研究中，笔者主要采用的是个别访谈，同时结合集体访谈；主要采取结构式访谈，同时结合非结构式访谈的方法。也就是对社团的骨干成员进行个别访谈，而对普通会员通过集体访谈共同讨论关于学社的一些情况和看法。同时，对访谈内容进行规划，进行结构式访谈，并通过访谈过程中产生的问题，及时调整访谈内容，通过发散性的思维以及聊天的形式，进行非结构式访谈，从各个角度充分、深入地了解社员的思想动态与学社对他们的影响，了解学社的运行机制。

第二章

社团的发起

Q学社是由一批关心国家命运、民族前途的青年学生组织成立的青年学生社团。正如他们自己介绍的那样：

> 社团以"齐"为名，在于团结一切有理想、有志向的新青年。而以"民"为主，指的是站在人民的立场，立归于民、声发于民、学用于民。Q学社以"学习，实践，争鸣，进步"为宗旨，在智慧的交锋、思想的洗礼中不断提高理论水平，树立改造社会的价值观。我们所追求的，不仅仅是恰同学少年般的指点江山、激扬文字，更重要的是务实事、立大志、干大事，培养新一代有正确立场、有社会责任感的青年之士。

Q学社的思想交汇，既可"海纳百川，博采众长"，给予渴望求知的同学一个共同求知的氛围，让不同的同学展现自己的思想，求同存异，结交有理想、关注社会、关注国家的好友；也可以使大家能够理性判断，立足现实，深入思考，寻求国家民族未来之路。

第一节　渊源

对于一个组织而言，在其成立之前，必定有一个较长的筹备讨论的阶段，并会有一个雏形。对于Q学社来说，这个渊源，就来自关爱工农社会实践活动，而这个雏形，就是青年读书会。

2010 年秋季，刘成成、张晓旭等人通过学院关爱工农社会实践活动相识，并经由 2011 年暑期社会实践赴唐山调研而相知，在此期间商讨建立青年读书会，在此基础上，最终成立了 Q 学社。

一、关爱工农社会实践：从活动到思考

关爱工农社会实践活动是这些有志青年最初相识的地方。所谓关爱工农社会实践活动，指的是关爱工农社会实践大学生志愿服务队。关爱工农社会实践活动始于 2008 年，是由来自北京大学、清华大学、中国人民大学等 20 余所高校大学生志愿者组成的志愿者网络，服务对象主要是建筑业农民工。2011 年，关爱工农社会实践大学生志愿服务队的工地志愿服务活动被北京市海淀区团委、海淀区志愿者联合会评为"十大优秀志愿项目"。

关爱工农社会实践的志愿者们积极关注社会、关心现实，自觉承担起了当代大学生的历史使命，发扬"奉献、友爱、互助、进步"的志愿精神，深入建筑工地进行调查研究，对建筑行业的用工体制、工人的工作和生活状况进行深刻的了解和认识。同时，志愿者还开展了内容丰富、形式多样的服务活动，如宿舍探访、电影放映、图书捐赠、校园募捐、文艺演出、普法宣传、中医义诊、开办夜校等，丰富工友们的业余生活，帮助工人排忧解难。志愿者在开展活动的过程中倾听工友心声，尽力给工友带去切实的温暖，受到了广大工人朋友的热烈欢迎。目前，关爱工农社会实践已经成为大学生走近建筑工地开展服务活动的重要平台。

Q 学社早期的骨干成员在关爱工农社会实践的活动过程中，主要通过直接与工地负责人取得联系，进行相关活动。但一般来说，工地的负责人都不太愿意接受这样的活动。尽管如此，关爱工农社会实践活动依然艰难地进行着。早期的骨干成员参加这一活动的人数并不固定，当其他高校负责工地电影的挑选以及播放时，他们就会分成每组 2～3 人，进入农民工的寝室进行访谈。

他们的访谈主要分为几个层次。前期由于双方并不熟悉，因此主要针对工作近况、家庭情况、家庭成员、家庭条件等基础问题进行了解。在进行初步的了解之后，进一步了解工友的家庭经济状况、对未来的人生计划等问题。在双方有了一定的了解之后，访谈的内容就会开始涉及工友的工资待遇、工地组织形式以及负责人对工友的态度等问题。此外，还会进一步深入了解工友朋友是否受过工伤、工地是否有拖欠工人工资的情况。如果产生了问题，又是怎样解决的，并询问工友朋友是否需要帮助。也会有一些工友朋友愿意对国家的政策方针发表自己的观点，这受到同学们的欢迎。访谈进入后期，他们会以一些现实案例与工友一起宣传讨论，如工人参与对建筑公司的罢工等。通过这些现实案例，渐渐渗透一些思想，号召工友们团结起来，为自己的合法利益做斗争，此时的关爱工农社会实践活动，同学们的初衷是好的，但为之后的活动开展脱离正轨埋下了思想上的诱因。与此同时，他们也会邀请一些有抗争经历的老工人一起到工地进行宣传活动，通过老工人的亲身经历，团结起工友朋友。由于建筑工人的流动性比较大，因此志愿活动也有一定的不稳定性。

不可否认的是，在参加关爱工农社会实践活动的过程中，Q学社的早期成员们慢慢地获得了一些思想：工人阶级创造了巨大的社会财富，工人阶级的力量是很大的，但是工人阶级需要团结起来；工人的权益要靠自己争取，工人们不应该一味地忍受不公平的待遇，在遇到问题的时候，工人阶级应该有抗争的意识。

一位经常参加关爱工农社会实践活动的同学说：

> 具体的访谈都是经过关爱工农社会实践培训的，有个大概的内容纲领。通过访谈我们了解到，农民工大多数是因为家里经济条件差，不得已出来打工的，有的不能维持日常生活了，才出来的。他们都是组团来的，由当地的某个人负责，俗称"小工头"。一般工地的工人都是一波一波来的，也就是房子架好了，盖房子的来；盖房子的走了，填砖的来；然后是走线、装修的，所以访谈的内容也不是很多，一般这些完工之后工人就都走了。

2009 年下半年，关爱工农社会实践的志愿者发起了一场为农民工讨债的活动，计划采用静坐的方式，这使得该活动变了味儿，由原先的志愿服务变成了有煽动工人运动的嫌疑。这一计划引起了各大高校的重视，为了维护校园生活的稳定以及学生的人身安全，避免单纯的学生被一些有目的的组织所利用，纷纷阻止各自学校的学生参加。于是，活动在 K 大学同样也被中止。同时，由于这一事件的发生，学校开始对所有的学生社团进行注册，统一管理，并最终注销了一大批学生社团，其中就包括一部分理论社团。理论社团中仅留下求是学会，由学校团委直接组织管理。自此，学校对理论类社团的管理，一直都比较严格。

这次事件之后，学校的理论学习、关爱工农社会实践活动都在一定程度上受挫，但仍有一部分学生经常自发地跟随其他学校类似的学生组织去工地为农民工放电影、做访谈。这项活动当时在 K 大学是由应用科学学院的青年志愿者协会负责和组织的，现在也一直在进行。直到 2010 年下半年，社团建立之初的骨干成员在这项活动中相互结识，并在一年的关爱工农社会实践活动中相互了解。也正是学校取消了关爱工农社会实践的部分活动，原先关爱工农社会实践的志愿者们开始在校内自发进行一些活动，也就有了读书会。在读书会上，他们结识了更多关心工农的同学和学长，并最终促成了共同去唐山进行老国企工人访谈的相关实践活动，为以后的社团建立了基础。

二、读书会：唐山实践

关爱工农社会实践的活动部分取消之后，一些关心工农、关注社会的同学依然聚集在一起，在校内活动。

2011 年春季，同学们聚在一起，学习思考，并商讨是否要成立社团。在学长高鹏飞等人的支持下，刘成成等人组织了青年读书会，此后，青年读书会相继得到清华大学多名研究生以及清华大学求是学会多名成员的支持。这些同学通过青年读书会结识有志之士，并依托读书会，借助学校的社会实践平台，开展社会实践活动。社团骨干成员刘成成介绍说：

紧接着是我们去唐山的社会实践，当时是生物专业张晓旭组的团。也就是这个时候有了社团的第一批学员，有张倩茜、吉利伟、肖兴成、张晓旭、张印文[1]和我。也就是在这个时候我们认识了很多其他学校的学长，通过他们，我们才开始提起要学习一些这方面的知识，另一方面他们比较有经验，能够带着我们做实践，带着我们学习。

2011 年 8 月，K 大学暑期社会实践开始，刘成成等青年读书会的 10 多名同学赴唐山进行国企调研，他们也就是社团最初的一批成员。他们走访了许多国企老工人，并将之与现在的新工人进行对比。他们通过亲身经历和体会，目睹了在改革开放的过程当中，尤其是国企私有化之后下岗工人的情况，同时发现私有化之后的国企运营并未不是一帆风顺的，甚至出现了一些问题，这一现象引起了这一批关心社会的人的关注。

实践结束后，参与唐山实践的同学对此次实践活动进行了描述和总结：

> 唐山实践的内容主要是新老工人在思想上的对比。时间有限，我们也没怎么深入地探讨，就以访谈了解为目的，所以只要知道了他们是怎么想的我们就撤了。主要访谈了唐山钢铁跟煤矿上的在职工人和这些工厂附近居民区的退休老工人。这里的老工人都是下岗的一代，因为厂子改制，这些人就都下岗了，靠领退休金生活。中间还有个双轨制，后来的工人基本上都是雇佣合同工了。他们基本都是通过唐山的一个类似中介的机构来这里工作。之前的工人领国家的工资。改制中这部分人还没到年龄就退休下岗，厂子基本成了私人的。
>
> 涉及他们利益的，我们就以工会的作用为中心来进行了解，工伤为辅助。现在的工会作用发挥比较小。工伤比较少，基本是通过中介的机构进行赔偿。从这点我们大概知道了工人利益的维护情况。这次实践是我们的学习，并不是为了工人的利益或者渗透一些思想。

通过关爱工农社会实践的活动，他们看到了农民工的生活现状，而通过唐山国企工人的调研，他们切身体会到了现实与理想的差距。于是，实践回来之后，社会实践团队中的一部分人留了下来，进一步学习中华人民共和国史，学习马克思主义，最终留下了几位骨干成员。

在读书会的学习过程中，他们曾经想要成立社团，取名星火服务社。但由于在申请过程中受阻，便搁置了成立社团的计划，依然只是依托读书会来进行学习讨论。刘成成说：

> 本来是想成立一个星火服务社的，但是社团部没通过，我们只能私下里宣传跟学习。也就是这段时间邓子豪、吴浩天等很多人加入进来，活动主要是学习、工地实践和与中国科学院老师们交流。星火服务社跟 Q 学社可以说是同一个社团的两个名字，只是星火服务社没有诞生就夭折了。成立星火服务社的那一批人比我们进关爱工农社会实践队早，属于前辈。我们继承了他们的"遗志"成立了现在的学社。成立社团的时候他们已经渐渐地淡出了关爱工农社会实践，所以我们成了主力军。

在这一时期，社团早期的骨干成员主要进行学习讨论和实践活动，这也是 Q 学社的雏形。这些活动的参与者并不局限于本校师生，一部分同学还与中国科学院遗传与发育生物学研究所的老师和同学进行交流学习。与中国科学院的活动，主要也是以观看 20 世纪 50—70 年代的黑白老电影为主，加以讨论电影的内容，以此作为辅助进行学习。后来由于既要发展新成员，与他们进行交流，渐渐地引导他们走向马克思主义，还要学习新的东西，时间上就比较紧迫，因此，这个活动在社团成立之后不久就取消了。

综上可见，Q 学社最初源自关爱工农社会实践活动，并依托该活动形成的小团体形成了青年读书会。通过实践和读书，青年学子产生共鸣，形成社团。同学们通过实践展开积极的思考，又通过思考回归到实践中去，在反复的思考—实践的过程中，思想意识飞速成长。

第二节　发起人

俗话说，"良好的开始是成功的一半"。一个社团的成立，发起人在其中起着十分重要的作用。发起人决定着社团的定位、方向、宗旨、组织形式等最基本的内容，为社团今后的发展奠定基础。本节内容着重介绍 Q 学社的发起人，并通过对发起人当时的思想变化以及对发起社团的思考的讨论，展示社团的发起过程。

一、星火服务社的筹建者

随着 2010 年的关爱工农社会实践活动的缩减，到 2011 年的星火服务社夭折，青年读书会逐渐发展壮大，因为兴趣相投而自发参加活动的同学越来越多，活动组织和进行也越来越困难。于是，现状再次促使同学们进行思考，到底要不要成立社团。这个时候，读书会的成员主要由两部分组成：第一部分是筹建星火服务社的成员，第二部分是在 2011 年下半年加入读书会的成员。星火服务社的筹建者正是当时青年读书会的骨干成员，而 2011 年下半年加入的同学，则成为后来建立 Q 学社之后的骨干成员。正是星火服务社的骨干成员对后来者的影响，促使了 Q 学社的发起和组织。

星火服务社在 2011 年春天筹建，终究成立未遂，但是他们的活动依然在继续。当时星火服务社的主要成员有材料科学与工程学院的黄勇飞、经济管理学院的易邦国和化学与生物工程学院的张晓旭[2]、刘成成等同学，他们都是当时青年读书会的主要成员，也都是关爱工农社会实践的志愿者。前面已经介绍过，在关爱工农社会实践活动部分被禁止之后，K 大学也在同期取缔了一部分社团。因此可以说，在那个时期，K 大学校内除了学校团委负责组织指导的求是学会以外，再没有别的学习理论性质的学生社团了。于是，为了方便活动，这几位同学打算成立一个 K 大学校内的社团，也就是青年读书会，在青年读书会的基础上，筹划建立星火服务社。所谓星火服务社，取的是星星之火的意思，而服务，代表着志愿者。一位社团发起人这样介绍当时的他们：

> 当时主要成员有大学二年级的黄勇飞、易邦国，大学一年级的张晓旭、刘成成。他们都是关爱工农社会实践的志愿者。为了方便活动，就打算成立一个 K 大学校内的社团，就是星火服务社，星星之火、服务就是志愿者的意思。当时主导的应该是这四个人，但不只这四个人，他们当时也是关爱工农社会实践的志愿者。但是我当时不知道有这些，也不知道关爱工农社会实践。他们之前就在 K 大学想搞社团，但人员主要都是这几个人。当时的活动，主要是去工地。正好有 K 大学的 TG 大厦，他们去北京大学的工地和 TG 大厦做工地实践活动，放电影，进行宿舍访谈。我是在 2012 年 10 月加入他们的，他们虽然没有成立正式的社团，但是组织框架是关爱工农社会实践，行动也比较协调。当时求是学会负责 K 大学的人是高鹏飞，是彭旭老师的学生。到暑期，以张晓旭为团长组织了暑期社会实践，去了唐山。一直是高鹏飞带队，他们没有社团，但是一直有学习，虽然比较断断续续。后来去了唐山，回来之后打算成立读书会。10 月左右招的新，当时我、吴浩天、邓子豪加入的。

星火服务社由于没有正式注册成立，也就无法在校内进行合法的宣传招新活动。根据一些同学对当年的回忆，社团通过在电梯里张贴小广告而逐渐吸引周围的同学参加。同时也有一部分社员是因为周围同学号召的缘故而加入，但这部分同学由于兴趣的不同，最终逐渐退出了活动。社团骨干成员吉利伟介绍了当时的情况：

> 当时是"黑社团"，在电梯间贴了小广告，虽然当天就被撕了，但还是招了几个人。那次暑期实践有我班的张印文，回来之后他负责做小广告，我和他一个宿舍，然后我就加进去了。邓子豪和吴浩天应该是看到小广告后加入的。当第一次人数总共在 20 人左右，材料的就占

一大半，我们班的就占三分之一，因为张印文是我们班的，所以有好几个人第一次来了，到后面就逐渐走了，主要是不感兴趣，兴趣一直是主要的原因。易邦国上学期还来过社团，参加过一些读书会的活动。黄勇飞就一直没有联系了，现在社团里知道他的没几个人。

没有注册成立的星火服务社，在开展活动的时候势必较为困难，也使得社团活动难以正常开展，成员的招募无法正常进行，在校园的影响也相对较小。因此，星火服务社的筹建者们，最终还是开始商讨，是不是要想办法正式成立一个社团，通过这样一个社团，在校园合法地开展活动，既扩大读书会活动的影响，也能吸引志同道合的同学一起参与，共同学习和进步。

二、学社的发起人

在星火服务社之前，易邦国等人曾多次尝试在学校发起社团，如"幸福草根"社团等，但最终因为牵涉到之前的关爱工农社会实践事件而在社团部注册时不断受挫。为了维护校园稳定，学校在审核社团成立之时，对重点对象进行重点关注，但凡有相关"不稳定"因素的成员存在时，一律不予注册成立。于是，发起人换了一个思路，变换了注册的申请人以及社团的活动方向，并最终成立了社团。

Q学社的成立，起主要作用的是吴浩天、刘成成、吉利伟、邓子豪等八位同学。社团发起时，吴浩天为土木与环境工程学院2008级本科生，刘成成为化学与生物工程学院2010级本科生，张印文、吉利伟为材料科学与工程学院2010级本科生，邓子豪为材料科学与工程学院2011级本科生。到2012年年初，吴浩天、吉利伟、肖兴成、邓子豪等五人仍然在积极地为社团的建设而努力，而其他几位同学则因为升学和就业的原因，渐渐降低了参与社团活动的频率。吴浩天这样介绍他们在社团中的关系：

> 在最初成立之前，我们都是很普通的同学，彼此之间也并不认识。我们在经历十次左右的读书会后发现，我们在读书会中的状态，是在

读书会之外没有过的。不仅仅是学习知识的问题，更重要的是人与人之间的关系，我们的关系会特别直接，特别简单，而且特别有共鸣。这种状态也是我在大学中一直寻找的。读书会不仅仅给予我知识，更教给我处理人与人之间的关系。我是这么认为的，我想其他发起人也是这么认为的。我们之间的关系，可以用同志来形容。所以，我们既是发起人，也是朋友，更是志同道合的人。我们之间是平等的，是没有隔阂的。大家只要见面，就会谈论自己最关心、最想说的事情，对于别人的意见也直言不讳地发表自己的看法。这是我们非常珍惜的，也是在读书会培养起来的。

这些特别优秀的同学，在经过读书会的学习之后，产生了特别牢固的友情，也为Q学社的成立奠定了基础。

第三节　合法性取得

学校为了方便管理，要求社团必须有合法的身份，各个学校对于社团的成立也都有类似的规定。社团必须要经过学校管理部门的审核，才能合法地存在，才能正式在学校开展活动。本节主要阐述Q学社在进行社团申请时的矛盾、思考以及最终成功取得合法性的过程。

虽然社团的发起者们在读书会中收获颇丰，但是在读书会的进行过程中，也遇到了一些问题，比如如何吸收新的成员共同参与学习、总是用"非法"的方法占用教室不是长久之道、学习所要用到的材料的影印经费从何而来等。这些问题促使他们思考，需不需要成立一个社团，毕竟成立社团之后，就可以通过学校的支持，来更好地进行学习和讨论。对于这个问题，在读书会2011年10月17日的会议记录中有这样的几条内容：

（1）社团申请工作：张倩茜询问：①本学期是否还能申请社团；②申请社团需要哪些准备工作。

（2）招新工作：采取发传单扫楼的方式，杨火负责设计海报（已完成），刘成成负责打印；张倩茜负责分工投放（已统计楼层及打印数量）。截止日期：周六晚。

…………

（10）目前遇到的问题：①活动场所难以申请，尽力通过各种途径解决（请杨火、魏金帮忙联系，或请彭旭老师帮忙）；②资金，目前仅有实践剩下的 300 元。这两个问题都是因为没有正式的社团，因此当务之急是申请社团，这学期如不能申请，下学期一定要搞定。

在这样的情况下，他们最终决定成立社团。刘成成这样介绍成立 Q 学社的原因：

在这一学期，我们跟其他一些学习社团交流，发现他们在一起只是看看书，听一听其他人的理解，分析一下自己的想法，没有一个主心骨。有的是顶着马克思主义的帽子去弄辩论赛，把原来的理论学习全都放弃了。合作我们也想过，不过看看形势我们还是选择成立自己的社团，也就有了 Q 学社。

Q 学社在社团创立者的努力中最终成立了，在这个过程中，骨干成员对几个具体的问题展开了激烈的讨论。

一、组织形式：要不要成立社团

社团只是一个组织形式，而这个组织形式，对之后的活动会提供一些便利，也能提高活动的效果。既然要组织社团，除了要有一定数量和质量的成员，社团还必须要有特定的目标和方向，以及规范的规章制度。因此，围绕要不要成立社团、成立怎样的社团，成员们进行了激烈的讨论。

社团虽然已经计划成立了，但是"要不要成立社团"这个问题依然没有得到解决。有些成员顾虑到，社团的形式主义可能会影响到读书会的实质，担心社团会逐渐演变成一个空的框架，而没有了学习理论的实质。也有的成员考虑到之前学校取缔了一些学生社团，认为社团成立之后，为了避免取缔的风险，只能进行一些保守的活动，这些活动会对他们学习的内容产生影响。

对于形式主义的讨论，社团主要成员最终认为，形式只是工具，工具在于善于运用和掌握，而不是被工具掌握，对于工具不能因噎废食。因此他们得出结论，可以先进行社团活动，一旦遇到问题，大家还可以根据所面临的实际问题再进行调整和修改。对于社团面临取缔的风险，他们在进行讨论后，选择在社团申请、活动中以"三农"作为社团成立的主题，在宣传活动中也尽量以"三农"作为主要内容。对于当时的讨论，吉利伟这样说道：

> 关于要不要社团，这个问题并不只是在有社团前提出的，也是在有了社团后提到的。考虑了三方面的问题，招新、场地、经费。为了解决这三个问题，就提出来要搞社团。担忧也有，最开始就一条，就是社团的形式主义会影响读书会，使形式架空内容。后来也有，主要是认为社团会牵扯很多，主要是存在社团被取缔的风险。然后我们的行为就很保守，这样的一些保守的行为就对原本我们的内容构成了一些影响。这两方面是考虑不要社团的主要思路。影响主要是，比如在校内的宣传。我们最初一个学期，就没有校内宣传，因为我们不知道宣传什么内容既符合政策，又能真正起到作用。同时，社团被取缔的阴影一直在，这个阴影的来源就是之前那些社团被取缔。之前对于社团取缔只是有了解，并不对我们构成实质的影响。但是在社团成立之后，就有了被取缔的风险和思考。还有一条，社团成立答辩时，答辩的中心思想是"农"，我们的社团是一个以"农"为中心的社团。这是因为 2011 年秋学期末前接触了社团部的老师，认为一个学校里不能有两个马克思主义的社团。

> 被取缔和形式主义是两个主要问题。在最初，就是担心形式架空内容，这个是在没成立社团时提及的，后来也一直有提及。问题没那

么绝对，但也是普遍的一个问题。社团基本上每个学期都有一个很大的变化，每个学期都不是一个样，也算是所谓的进步吧。认识层面也有变化的思路，由最初要不要马克思主义，到后面的意识形态批判，这个过程算是社团思想方面成熟的过程，思想的进步是社团实际上越来越好的一个基础，也就是说，不断地有新的东西，这个对于社团会比较重要。

通过这样一种十分取巧，但也"避重就轻"的方式，以"三农"问题作为主题，达到了社团骨干成员的目的，最终使得社团得以成立。虽然用这样的一种方式去申请社团不是很好的方式，但在当时，成立社团的目的也确实达到了。

二、指导思想：要不要马克思主义

作为一个理论学习型的社团，必须要有一个明确的指导思想。在学习中，根据这个统一的指导思想，进行相关问题的思考和讨论。社团由读书会产生，既然是读书学习，那么读什么方面的书、怎么读书，就成了社团成立时不得不思考的问题。同学们在经过青年读书会的学习之后，对要不要马克思主义这一指导思想，进行了激烈的讨论。

在读书会上，同学们共同交流，学习讨论一些问题。当时清华大学的博士生高鹏飞也在读书会中。在读书会学习讨论的过程中，高鹏飞及其他一些学长们就会提及一些有关马克思主义的内容。当时的同学们对于马克思主义相关理论知识的了解和理解，还仅仅局限于思想政治理论课上的学习内容，并没有对此进行过深入的学习。而思想政治理论课，从小学的思想品德，到中学的思想政治，再到大学的思想道德修养与法律基础、马克思主义基本原理概论、中国近现代史概论、毛泽东思想与中国特色社会主义概论四门大课，包括形势与政策课程，对于同学们来说，从某种程度上已经学腻了，学烦了。这个时候，在读书会上频繁地提及马克思主义、提及无产阶级等内容，使得一些同学产生了反感，对马克思主义产生了一些抵制的情绪。但这种抵制是一种具体的抵制，就是对学长们过于倾向引导到大家学习马克思主义基本理论这一具体内容的抵制，可以说是一种反抗意识。然而他们同时也意识到，通过阶级分析法等马克思主义的基本原理，确实能够对一些问题进行分析，得出正确的结论。因此，通过讨论，对于这一问题，他们决定先学习马克思主义，然后再选择是不是要接受它。吉利伟说到筹备社团之初的疑惑时说：

> 当时读书会上会提到阶级、无产阶级等一些词汇，大家什么都不懂，只有高鹏飞他们懂。所以我们在接受并讨论的过程中，也出现了异议，就是我们为什么一定要学习马克思主义，而这个问题带来了另一个更为基本的问题：什么是马克思主义。所以基本的结论或共识就是，先去认识马克思主义，在认识的基础上，选择要或不要，从而解决对马克思主义的去留问题。在这个过程中，大家对于阶级、马克思主义都不懂，但是还要频繁地提到这些内容。我们感觉可以不用主动地排斥它，就是可以先不用学马克思主义，持一种开放的心态，你来就好了，来了再说，但前提是你可以来。之前有一定的抵制，部分原因在于高鹏飞他们有时引导和提出，过于偏向这个东西了，我们自身就从反方面思考。出于自身的反抗意识，既感觉提这些没啥，又感觉有问题，就想反驳它。但是提阶级，确实能够分析一些问题，只是老提就感觉有些不好。

通过高鹏飞等学长的引导以及一个阶段的学习，加上读书会不断组织的社会实践，同学们在理论和现实的相互印证中，切实认识到马克思主义就是工人阶级的理论，是适合于他们的学习和思考的。因此，他们逐渐走上了马克思主义的道路。现在，社团的主要成员早就已经学会了运用马克思主义的方法论来分析社会问题，并且带领社团的成员们共同学习马克思主义。

三、社团定位：怎样通过审核

社团要能安全存在，必须要在学校取得合法的身份。要取得其合法性，就必须通过学校的社团成立审核和答辩。由于有之前社团申请未通过的经历，因此，在这一问题上，当时的骨干成员们十分慎重，并最终选择了一个十分取巧的方法和角度。为了能够成立社团，早期骨干成员刘成成这样介绍道：

> 社团名字作为社团的主要标志，来源于《齐民要术》，这是专门为建立社团而起的名字。这个社团成立初期已经有求是学会的存在，因此我们不好再申请一个马克思主义社团，所以只能从工农上下功夫。"工"是当初星火服务社打算成立时打的旗号，我们再拿起来不太好，所以就从"农"下手。这个社团定性为农业、农村类型的社团，所以必须要有一个"农"的名字。当初是以成立社团能招新、有活动场地跟经费为目的，所以就这样叫了下来。我们当初定的调儿是先活下来再说，先甭管是个什么名字。宣传的时候就用了这样的一个名字，因而叫了下来。

社团成立是一个很困难的过程，思想理论类社团更是如此。从 2011 年下半年开始，由高鹏飞牵头组织进行读书会。读书会最初流动性很大。读书会大约进行了 10 次，经过半年的学习，淘选了一些同学，最后还有七八个同学。在纯粹的读书之外，他们开始考虑读书会应该如何发展，于是开始考虑成立一个社团。成立社团是为了让更多的同学参加到读书会中来，一起加入学习中去。吴浩天在描述当时成立社团时的考虑时说：

> 当时大家有个共识，我们认为这个社会就像一潭水，需要一块石头去激起一圈涟漪。不仅需要强壮的体魄，还需要野蛮的精神，改造世界的气魄。就是这样一种简单的思想。但是大家对马克思主义的认识并不是太深刻，仅仅认为这个世界需要怀疑，需要改变，这个世界有很多的不合理。因此带着这样的初衷，我们开始成立社团。

社团成立时，一共有八名同学。他们在行动上高度一致，齐心协力，分工合作。由于当时 K 大学已经有求是学会这个马克思主义理论类社团的存在，学校社团部不允许有第二个类似的社团成立，于是他们转换了思路，从"农"的角度出发。社团成立答辩由刘成成同学完成。社团名字来自《齐民要术》，充分体现了其主要是一个以关注农村、关心农民为中心的社团。社团的宗旨是"了解农村，心系社会，学习思辨，争鸣进步"。从宗旨出发，旨在促进广大同学对于中国农村的了解认识。至此，Q 学社巧妙避开了与求是学会的重复性、避开了关爱工农社会实践活动的敏感性，完成了在学校社团部的注册登记，成功成立，取得了它的合法地位。吴浩天在介绍 Q 学社成立答辩的感受时说：

> 最后我们学社就通过答辩，成立起来。所以说，我们社团的成立并不是一个偶然。在冥冥之中有一种必然，这就是我们青年人都有自己怀疑的东西，对身边不公平的现象是想找到解决方法的，我们骨子里是要追求我们的人生和身边人的人生的改变的。而且，当时 2011 年左右社会问题及社会事件频发，不断刺激我们的神经，我们自己也在问自己这个社会怎么回事，考虑这个社会应该向哪个方向走。在这种简单的怀疑态度下，我们团结起来，因为团结起来才可以做点事情。虽然在那个时候还不知道我们的方向，还没有多少理论知识。所以社团的发起需要一批人的共识，还有当时所处的环境，才能促进自己的思考，并前进。

综上，虽然社团的发起者们在读书会中收获颇丰，但是在读书会的进行过程中，也遇到了一些问题，这些问题促使他们成立社团。在社团成立过程中，成员间又在组织形式（要不要成立社团）、指导思想（要不要马克思主义）和社团定位（怎样通过审核）三个方面发生分歧，最终通过讨论学习，取得了统一的意见。

在半年多的学习和讨论中，Q 学社最终于 2012 年 2 月 26 日顺利通过学校社团部的答辩，正式注册成立。

本章小结

Q 学社是由一批关心国家命运、民族前途的青年学生组织成立的青年学生社团。它的发起，并非一帆风顺，而是在思想的交锋和实践的体验中成长起来的。

（1）渊源。

Q 学社的成立源自关爱工农社会实践活动并由此形成青年读书会，通过实践和读书，青年学子产生共鸣，形成社团。社团主要成员通过学院关爱工农社会实践活动相识，并经由 2011 年暑期社会实践赴唐山调研相知，最终成立了 Q 学社。

关爱工农社会实践：从活动到思考

关爱工农社会实践的志愿者们积极关注社会、关心现实，自觉承担起了当代大学生的历史使命，深入建筑工地进行调查研究，对建筑行业的用工体制、工人的工作和生活状况进行深刻的了解和认识。在参加关爱工农社会实践活动的过程中，社团的早期骨干成员们慢慢地获得了一些思想。2009 年下半年，关爱工农社会实践的志愿者发起了一场为农民工讨债的活动，这一行动引起了各大高校的重视，关爱工农社会实践在 K 大学的活动中止。同时，由于这一事件的发生，学校开始对所有的学生社团进行注册，对理论类社团进行严格管理。

读书会：唐山实践

关爱工农社会实践的活动部分取消之后，一些关心工农、关注社会的同学依然聚集在一起，在校内活动。2011 年春季，社团主要成员组织了青年读书会，相继得到清华大学多名研究生以及清华大学求是学会多名成员的支持。这些同学通过青年读书会结识有志之士，并依托读书会，借助学校的社会实践平台，开展社会实践。2011 年 8 月，青年读书会的 10 多名同学赴唐山进行国企调研。通过实践，同学们开始思考社会，并进一步学习中华人民共和国史以及马克思主义，最终留下了几位骨干成员，形成了 Q 学社的雏形。

（2）发起人。

星火服务社的筹建者

2011 年，青年读书会不断壮大，同学们开始思考到底要不要成立社团。星火服务社的筹建者正是当时青年读书会的骨干成员，而新加入的同学，则成为后来建立 Q 学社之后的骨干成员。正是星火服务社的骨干成员对后来者的影响，促使了 Q 学社的发起和组织。星火服务社由于没有正式注册成立，也就无法在校内进行合法的宣传招新活动。

社团的主要发起人

在星火服务社之前，读书会成员曾多次尝试在学校发起社团，如"幸福草根"社团等，但终因之前的关爱工农社会实践事件而在社团部注册时屡屡受挫。最终通过变换注册的申请人以及社团的活动方向，成立了社团。

通过对发起人当时的思想变化以及对发起社团的思考的讨论，充分展示了青年学生的思想变化以及社团的发起过程，最终社团在学校取得了合法性。

（3）合法性取得。

虽然社团的发起者们在读书会中收获颇丰，但是在读书会的进行过程中，也遇到了一些问题，这些问题促使他们思考成立社团的事项。

组织形式：要不要成立社团

围绕要不要成立社团、成立怎样的社团，成员们进行了激烈的讨论。最终一致认为，形式只是工具，工具在于善于运用和掌握，而不是被工具掌握。因此他们得出结论，可以先进行社团活动，根据所面临的实际问题进行调整和修改。

指导思想：要不要马克思主义

在读书会学习讨论的过程中，通过阶级分析法等马克思主义的基本原理，确实能够对一些问题进行分析，得出正确的结论。因此，通过讨论，对于这一问题，他们决定先学习马克思主义，然后再选择是不是要接受它。

社团定位：怎样通过审核

由于有之前社团申请未通过的经历，因此，在这一问题上，当时的骨干成员们十分慎重，并最终选择了一个十分取巧的方法和角度。他们从"农"的角度出发，社团名字来自《齐民要术》，社团宗旨是"了解农村，心系社会，学习思辨，争鸣进步"。至此，Q 学社巧妙避开了与求是学会的重复性、避开了关爱工农社会实践活动的敏感性，完成了在学校社团部的注册登记。

注　释

[1]　笔者注：肖兴成、张晓旭和张印文同学由于在后期仅作为 Q 学社普通成员参加活动，甚至退出了社团，因此笔者并不对其做具体介绍。

[2]　笔者注：黄勇飞和张晓旭同学在社团成立之后虽然仍与学社有所联系，但并不密切，因此并不作为 Q 学社的主要对象进行介绍。

第三章

社团的组织结构与外部支持

　　一个组织需要根据自身的特点和周围的环境，选择不同的组织结构，以符合自身的生存和发展。在经历了种种矛盾与辩论之后，Q 学社终于通过学校团委社团部的审核和答辩，正式成为 K 大学学生社团中的合法的一员。本章主要对 Q 学社的组织结构、获得的外部支持、主要的活动以及功能的实现几个方面的发展过程进行详细的阐述，让读者对其过程有个直观具体的了解。

第 一 节　　组 织 结 构

　　一个好的组织结构，能够使系统的各个部分协调统一成为一个起作用的整体，这也是结构整合功能的实现。一个组织，有了充分的资金来源、有了丰富的社会资源，还需要一个好的结构将这些资源充分整合起来，将组织的各个部分协调统一起来，才能充分利用组织的资源、发挥组织的功能、实现组织的实际价值。因此，社团的组织结构是社团健康运转的有力保证。

　　Q 学社当时是职能制的组织结构，设置了学社理事会、执委会以及五个职能部门。会议重大决策由社团集体交流协商，理事会最终决议，执委会及其下属部门执行，会议主旨是加强骨干沟通，继续完善社团机构建设，明确安排工作任务。理事会与执委会必须坚持理论联系实际、密切联系群众、批评与自我批评三个原则。Q 学社的理事会主要负责带组学习，执委会主要负责学社的活动举办和筹划，理事会和执委会的成员必须具有一定的思想理论水平、对学社宗旨有较高的认同感、积极参加学社必要的活动、对学社的成员有充分的了解、对学社有高度的归属感。各成员如果具备以上条件可以自己主动申请进入相关组织，其他成员认为他人符合以上条件也可以进行推荐。各组织成员仅在工作上有部分差异，在社团内部学习上一律平等。

一、成员基本特点

作为一个社团组织，其成员都有着比较一致的群体意识和价值体系，并且有着一定的群体目标和功能。对 Q 学社而言，他们有着共同的爱好和追求，共同学习马克思主义、践行马克思主义。因此，Q 学社的成员，有着十分鲜明的特点和共性。类似的家庭情况以及个人情况，是 Q 学社成员聚集在一起共同学习的隐性原因，这也从一个侧面体现了个人成长、学习环境对于其思想政治素质的影响。在这一部分的研究中，笔者针对 Q 学社的成员进行了一个小型的问卷调查。同时选取学校其他学生社团，主要是同类社团求是学会的部分成员进行了抽样调查。由于 Q 学社是一个比较小众的社团，因此针对 Q 学社成员的问卷调查几乎涉及了 Q 学社所有活跃的成员。而求是学会作为一个大型学校社团，成员众多，因此采取了随机抽样的方法。通过对比，可以看出 Q 学社与求是学会之间的不同，也更显现出 Q 学社自发组织建设的重要意义。Q 学社的一名成员如是说：

> 我们担心社团会成为一个等级分明的组织，而这样的"依附"关系与初衷背离。真到那天：官僚风盛行，区分大家最主要的是"××部的 ××"，那社团也就不是最初的社团了。

通过笔者的前期调研以及对问卷调查结果的统计分析，可以看出 Q 学社的成员与其他社团成员有明显不同的特点。主要表现在以下几个方面。

第一，Q 学社成员以男生为主，女生较少；以理工科学生为主，文科学生较少。笔者调查发现，学社当中男生占比超过 80%，而女生仅仅不到 20%；理工科学生的比例高达 94.6%，文科学生的比例仅有 5.4%。尽管 K 大学是一所以理工科专业为主的高校，男生的比例会高于女生，然而这一数字也显然高于学校的男女生总体比例以及文理科学生的比例。由此可见，相对而言，男生比女生会更多地关注社会，而理工科学生比文科学生更愿意关注社会。同时，这一结果也说明了男生比女生更有自发组织社团、学习理论知识的热情，理工科学生更愿意参与这样的理论性社团。而社团由于更具理论性，更能吸引男生前来参加。社团的工农基调，吸引着更多的理工科学生参与到活动中来。

同样是理论性社团的求是学会，女生比例则高了很多，文科生比例也相对高了不少，女生占比 34.3%，文科生占比 25.7%。这也从一个侧面体现了 Q 学社的理论性较强的特点。

第二，Q 学社成员的家庭状况以农村为主，家庭经济状况普遍不太宽裕。通过笔者的调查发现，Q 学社有 43.2% 的学生来自农村，接近总人数的一半，同时，家庭经济状况不太宽裕或者很不宽裕的占了 35.1%。同样是理论类社团的求是学会来自农村的同学仅占 20.0%，家庭经济状况不太宽裕或很不宽裕的同学仅占 16.1%，相比 Q 学社占比少了很多。这说明以关注工农为主要基调的 Q 学社更多地吸引了农村同学以及家庭经济状况不太宽裕的学生，而这一现象也是符合 Q 学社关心工农的主题的。

第三，Q 学社成员以共青团员为主，但除一部分党员以外，还有一部分同学既不是党员也不是团员。Q 学社既不是党员也不是团员的同学占比 5.4%，比例虽然不高，但在几乎每个学生都会加入共青团的社会大环境下，这一现象也是值得我们注意的。这一部分学生，并不希望入党，甚至入团，他们很可能是有极其强烈的政治观点的，也是比较能够坚持自己的想法的。

第四，在 Q 学社的活动中十分活跃的成员不仅有新成员，老成员也占了很大部分。活跃在 Q 学社中的同学，不仅有本科生，还有研究生，不仅是新成员，更多的是老成员。Q 学社中的新成员（加入社团未满半年的成员）占比 29.7%，其他 70.3% 的同学都在社团中活动了半年以上。这也显示出了 Q 学社的与众不同之处。大部分社团的活动主要都依赖于新成员的加入，而老成员基本只会剩下部长、会长等一些学生干部，比如求是学会，其 68.4% 都是新成员。可见，Q 学社有其独特的魅力，它的成员比较稳定，是一个能够聚集志同道合之人、共同学习并共求进步的学生社团。

第五，Q 学社的成员成绩分布较平均，各个层次都有。在笔者的调查中发现，Q 学社成员的成绩在班级上游和中上游的各占 21.6%，中游占 27.0%，中下游占 21.6%，下游占 8.2%。同样是学生理论社团的求是学会，由于在学校团委直接组织和管辖之下，对成员的学习成绩也有一些要求，大部分学生的成绩都在上游和中上游，这一部分占比 60.0%，而中下游成绩的学生占比 21.6%，其他同学成绩都在中游，没有成绩处在班级下游的同学。这与求是学会贯彻学校"成绩不好的同学尽量不要参加社团，保证学习成绩"的要求有关，而求是学会在招新之初的层层选拔也保证了其成员在学习成绩上的良好情况。相反，Q 学社旨在吸收志同道合的同学，关于其他方面的情况，则并不做太多考虑，新成员的加入也并没有层层考试和选拔，只要兴趣相投，便可加入，这也体现了 Q 学社的风格更加亲民，也可以说这个社团是一个真正的兴趣类的社团。

第六，成员加入 Q 学社的方式主要是以参与社团举办的讲座和周围同学推荐为主，通过统一招新活动加入的较少。和求是学会主要通过"百团大战"的学校统一招新的模式不同，Q 学社新成员的加入方式多种多样。求是学会的成员通过学校统一招新加入的占 45.7%，接近其成员总数的一半，而 Q 学社则主要通过举办讲座、同学推荐、社会实践等各方面的活动来进行招新。统计数据表明，Q 学社有 35.2% 的成员通过参加学社举办的讲座而加入社团，有 29.7% 的成员通过周围同学的推荐加入社团，这两项可以说是 Q 学社吸收新成员的主要途径。除此之外，有 13.5% 的成员通过"百团大战"社团招新加入社团，有 8.1% 的成员通过社团的校园海报等方式加入，还有 13.5% 的成员通过社会实践等其他方式加入。这种并不局限于社团招新这样的传统方式的吸纳新成员的方法，更是从侧面体现了 Q 学社的活动效果显著，有能把同学们聚集在一起的实力。

第七，成员加入 Q 学社的主要原因是认为社团思想性、时政性较强，想要锻炼自身能力的较少。Q 学社的成员主要通过参与讲座、同学推荐、参加社会实践等方式加入，这也就意味着新成员的加入主要是被这个社团本身的魅力所吸引，对推优入党、刷学分、锻炼能力等需求点关注不高。大部分成员加入 Q 学社是因为这个学社有着独特的思想理论性，并且经常讨论一些时政话题，这二者在成员加入学社的原因中分别占比 86.5% 和 59.5%。求是学会的成员虽然也关注社团的理论性，但是对培养锻炼自己各方面能力的需求也较高，这二者分别占比 54.3% 和 51.4%，被社团讨论时政问题以及社团丰富多彩的活动吸引的成员分别占比 40.0% 和 54.3%，可见求是学会的成员加入社团的原因占比比较平均，社团相对而言没有比较突出的吸引学生加入的特点。因此，通过学生加入社团的原因比较，我们也可以看出，Q 学社是一个以理论学习、思想交流、讨论时政为主的社团。

第八，成员在 Q 学社主要活动中的参与率很高，可谓热情高涨。在 Q 学社的主要活动读书会、学术讲座和社会实践中，有 91.9% 的成员参加过读书会，有 56.8% 的成员参加过学术讲座，还有 54.1% 的成员参加过社会实践。此外，43.2% 的成员参加过专题讨论。同样是学生理论社团的求是学会，除了学术讲座的参与率在 60.0% 以外，理论宣讲活动参与率 42.9%，专题讨论和读书会的参与率都是 34.3%，社会实践的参与率是 25.7%，作为求是学会重大校级活动的演讲比赛和辩论赛的参与率则分别是 11.4% 和 28.6%。由此可见，Q 学社的主要活动参与率都非常高，成员参与活动的热情远远超过其他社团。

二、培养模式和标准

良好的成员关系是社团蓬勃发展的动力。社团的发展主要靠成员的努力，因此，培养成员是一个社团的主要工作任务之一。怎样的培养模式、怎样的教育方法，直接影响到培养的效果，甚至会影响其未来的发展。Q 学社主要采取了相互教育与自我教育的方法对社团成员进行培养，通过个人以及社团的自主学习与讨论，获得丰富的理论知识以及社会认知，并达到社团培养成员的标准。相互教育与自我教育法作为 Q 学社培养社团成员的主要方法，在其具体活动中有着具体的体现，而这一方法的具体运用，也主要体现在社团成员共同自我学习上。

Q 学社对社团成员的具体培养模式是通过国史学习—实践走入工农—成为骨干这样的路径。对于大多数学生而言，尤其是从理工科院校的学生来看，他们的历史人文素养普遍比较一般。因此，他们在接触时事、国史等各方面内容之后，很容易受到极大的触动，也会推翻一些先验的认识，并开始尝试独立思考、重新进行判断。与此同时，当他们带着所学到的理论知识，走入工农当中，了解到工农的艰辛及社会的现状后，将现实的感受与头脑的思考相结合，也就逐渐坚定了马克思主义的立场。因此，当新成员进入这样一个状态之后，学社的老会员就会根据他们的实际情况追加谈心的工作。在谈心的过程中，引导新成员学会处理好专业学习和社团活动的关系，以免他们日后因学习受到影响而不得不放弃社团活动。同时也要引导他们对现实的理性认识，减少和防止认识上及情绪上的偏激。要引导他们积极了解社团的历史和背景，渐渐培养他们的主人翁意识和集体观念。因此，虽然学生在加入社团之初情况各不相同，但并不影响学社对其的培养模式，系统的理论学习和多次的实践都是必需的，是双管齐下的。无论新成员之前了解的背景知识有多少，都需要进行系统的国史学习，需要了解工人的历史和现状，需要掌握基本的马列主义的分析方法。正是通过这些系统的学习，能够帮助其树立唯物主义的历史观和辩证的思想方法。同样，即便是来自工农家庭的同学，也许已经有了朴素的阶级立场，仍然需要多次参加实践，跳出原来的生活环境，走入另一地方的工农中去，才能有不同的感触和收获。

当一名会员经过历史、现实、理论等系统的学习，并参与过多次社会实践之后产生了比较坚定的工农立场，同时对社团有归属感，愿意和社团其他成员一起承担一部分工作时，社团就会考虑将其进一步培养为社团干部。Q 学社的骨干成员认为，社团干部应当有如下标准：第一，立场和世界观的进一步明确并愿意不断改造；第二，有一定的理论修养——了解社会形势与历史、掌握基本的历史唯物主义原理，要有独立自主进行理论学习的能力，最好还能开展自主的分析和研究工作；第三，基本的组织工作能力：包括组织学习和实践的能力，对外向普通同学进行宣传的能力，对内团结社团成员的能力，归根到底即要有做群众工作的能力，以团结更多的人。

因此，Q学社对新成员的培养，采用"传帮带"的模式。老成员对新成员、前一任干部对后一任干部要进行适当的"传帮带"工作，避免重犯一些不必要的错误，以促进新成员尽快成长与进步，这样才能使得社团整体不会一年一年地简单重复，而是能得到前进和发展。Q学社的干部培养注重循序渐进，避免以工作为导向而忽视人的培养工作。

在新成员加入社团的活动初期，社团主要通过鼓励新入社的同学充分参与到社团的各项活动中来，让他们更全面地了解社团的组织与活动形式，从而更加认同社团的发展方向并增强自身的集体归属感。老成员会在各种活动的组织过程中，适当地给有意愿的新成员分配一些工作，并传授一些工作经验，必要时提供帮助，或者示范性地带着新成员一起完成，从中发现立场鲜明、态度端正的好苗子。接着，社团就会引导这些新成员循序渐进地参与到组织工作当中来。同时，由于青年人容易冲动和动摇，一开始可能很积极，盲目乐观，甚至自恃过高而看不起别人、不能团结周围同学；一遇挫折又可能会很快泄气，看不到力量之所在而悲观失望，因此，老成员也会密切关注新成员的思想状况和学习生活情况，避免消极失望和盲目乐观两种极端情况的出现。

关于干部换届问题，则是保证社团工作能持续稳定的重要基础，也是干部培养的一个重要环节。Q学社的骨干成员在考虑干部换届这一问题时，主要思考了两方面。一方面，换下去的老干部何处去；另一方面，换上来的新干部何处来。如果老干部没处去，那他们积累的经验和教训发挥不了作用；如果新干部从空而降，那么每一届就都从零开始，重复进行前人已经进行过的探索。针对这两个问题，社团的骨干成员们进行了深入的讨论和思考。最后，对于老干部何处去的问题，他们认为一般可以通过执委会或理事会来解决，老干部进入理事会，"退而不休"，执委会把握社团的发展方向。而对于新干部从何处来，则主要通过活动的组织去发掘有能力的同学一起进入社团相应职能部门进行工作。

三、组织形式

社团组织形式的发展，体现了社团结构功能选择的理念。这一理念指的是某个功能项目被其他的功能项目替代或者置换之后，依然可以满足组织的需要。社团从最初的无领导组织形态，渐渐发展产生理事会来决定社团大小事务，接着执委会的功能逐渐替代理事会执行社团的各项工作，到现在由五个不同的部门分工执行社团的主要工作内容，充分体现了社团组织结构替换的过程，每一次替换，都使社团组织满足了当时的主要需求，使社团越来越好地发展。

因此，社团的组织架构不是一开始就存在的，它的形式也随着社团不同时期需要解决不同的实际问题而有所变化。这也就是根据不同"历史阶段"的不同"主要矛盾"而采取相应的解决措施。Q 学社的组织形式经由一定的发展，现阶段由理事会、执委会和五个具体职能部门组成。

第一，理事会。社团刚成立时，主要是读书小组的形式，仅有的活动就是读书会，补充活动也只有一次暑假实践。当然这些活动都是日后社团主要活动的雏形。应该承认的现实是，这两件事情需要的人力较少，由一两个同学负责召集基本就能顺利进行活动。随着参加读书小组同学数量的增长和集体的扩大，社团的建立以及社团的运行对人力的需求迅速增大，仅靠一两个同学的努力难以完成工作内容，容易给他们造成太大压力，甚至一些同学无法协调专业课学习和社团的工作而导致学习成绩下滑。这样的事情也的确发生过：一些曾经积极的同学因为压力大而逐渐退出了。为了解决部分骨干同学工作压力过大、时间协调出现问题等现象，社团在成立后不久，就决定把骨干同学集中在一起，并由此成立了理事会。早期的理事会是一个愿意做工作和可以做工作的同学的集合，通过这样一个集体，整个学社得以更好地协调分配工作，而这时候的理事会，实行的是负责人制。

第二，执委会。社团继续扩大后，社团的骨干们发现仅仅是简单的参加活动也会让很多同学流失，成员还需要通过共同参与建设来加强归属感。因为整个社团如果没有他们参与建设的话，很难让他们认同 Q 学社这个集体，Q 学社就像他们的世界中路边的风景，虽然可以找到些许思辨讨论的乐趣，但这种关系并不持久。于是，在2013年春季学期，社团骨干成员通过讨论决定让更多的同学参与到社团的日常工作中来。那么，如何才能接纳相对较多的同学呢？同时，一批早期参加社团的同学因为学业的关系需要先把社团工作的事情放一放，但他们对社团有感情、有贡献。怎样做既不过多占用他们的时间，在他们忙完学业后又能继续参加社团工作呢？

一方面是新同学的工作需求，另一方面又不能放开与老成员的联系。为了解决这些问题，社团开始尝试着手建立两级组织：理事会和执委会。刚开始时理事会的主要作用是负责社团最关键的活动——读书会的话题收集和组织，以及把握社团的发展方向。社团骨干成员认为，社团的存在必须要和其他社团不同，否则就没有了存在的意义。因此，社团需要通过理事会来把握社团的整体发展方向，而执委会则负责其他具体事物的策划、组织、执行，包括讲座、书架、实践、交流、座谈，通过会议对以上内容进行决议并执行。

2013年秋季学期，执委会的例会得以常态化，逐步形成了每两周一次的例会制度。例会的主要内容是总结前两周活动、协商接下来两周的活动如何进行。刚开始时，尤其是前两次，例会召开的过程比较拖沓，也没有会议草案，大家的观点和建议无法集中，这使得很多参加执委会的同学有意见，觉得效率太低，最集中的反映是："开会开了那么久，什么结果都没有。"有鉴于此，社团不断进行调整，接下来的几次会议都是由会议主持人在会议之前准备好会议提纲，每一次会议的主持人也不尽相同，由执委会成员轮转担任。2014年春季学期，为了使每个同学的建议尽量都能被讨论，主持人在准备会议提纲时，会事先在社团的QQ群中收集大家的"提案"并进行整理筛选。在执委会例会上，社团还会进行部门间的人员轮换。这一措施的确产生了效果，但由此不断细化的部门的作用似乎并没有对社团的现状有特别大的改观。

尽管有执委会这么大的一个集体，大家还是倾向于把工作分配到几个同学的身上。这样产生的结果很矛盾：很多执委会的同学依然没有具体的工作可以负责，而另外几个同学压力非常大，工作内容十分繁重。有这样一个集体，但没有一个机制可以让一件事顺利进行分工，这使得社团面临很大的困难。因此，学社在此基础上，考虑成立多个部门，通过部门分工实现效率的提高，减轻部分同学的压力。

第三，五个职能部门。执委会成员工作任务的不均造成的困境促使一部分同学继续思考社团的出路。这时候有同学建议仿照其他社团的形式建立部门。在这里就不得不提一个问题：为什么社团一开始没有像其他社团一样建立部门，而是非得走到这一步才想起成立部门？社团最初的考虑是这样的：社团刚建立之时，工作量不大，工作事务的分配并没有成为社团发展的主要障碍。更主要的原因是和当时社团身处的社会与校园环境有关：社会与校园中的某些现实让早期建立社团的同学没有建立部门的想法。比如，当时的社团骨干成员认为，建立部门容易沾染社会中的官僚作风和形式主义；同时，社团的部门也容易形成事务主义和山头主义的作风。这些现象和社团早期成员建立与参加社团的初衷非常冲突。此外，他们担心采取部门制会让 Q 学社和其他社团没有什么不同，这样就找不到社团存在的价值。因此，他们在建设社团之初，就希望社团的成员自由地表达自己的观点，社团的事情由大家民主协商解决。但随着社团的壮大和成员的增多，问题已经摆在眼前，矛盾不得不去解决，解决的出路好像只有这么一条，于是，社团决定先做一次尝试。即使在社团最终决定尝试之初，也有一部分同学对此有意见分歧，甚至到现在，部门的成立依然让社团骨干成员怀有最初的担心。

2013 年秋季学期，社团相关部门的雏形已经建立，大部分执委会成员都被分到各个部门。虽然实际效果并不理想，部门工作很多时候都压在部门负责人的身上，但是，社团部门终究是建立起来了。目前社团的部门设置主要有办公室、讲坛部、宣传部、实践部和生活部。其中，办公室负责社团经费、物品、资料的收集和管理，同时协调其他部门工作安排；讲坛部负责讲座的老师联系、审批、宣传还有实施进行；宣传部负责制作宣传品，还有管理社团的宣传工具，如人人、青梅（一个早期的工作 App）、QQ、校园网络入口等；实践部负责筹划小长假以及寒暑假的社会实践活动；生活部主要负责进行内部建设，增进社团成员间联系。

至此，学社的部门制度开始运行。从 2014 年春季学期开始，学社决定加强部门的内部建设。其中，最重要的举措是将基层组读书会与部门结合起来，几个人数充足的部门各自负责一个读书会，这与之前读书会的组织有很大不同。通过这一举措，部门意识的确得到强化，事情分工顺畅了很多，这是部门的正面作用得到了体现。伴随而来的问题是，不同部门的成员间交流少了，使部门之间产生了隔阂。还有一个值得注意的现象就是各部门之间有强有弱，部门强的较为支持部门的分工，但较弱的部门感受到了地位的不对等。

第四，"5 + X"会议。在 2014 年春季学期，社团骨干们想对执委会会议的制度进行改变，为了提高效率，设想采取"5 + X"的会议模式。所谓"5 + X"会议，在刚开始提出的时候定位并不明确，其主要形式是通过会长、部长以及相对较积极的部员的参会，共同协商社团的工作。一些同学担心，这样的会议会对执委会所有成员表达自己观点和参与工作决策的权利产生影响，所以后来把它定位为部门间协调工作的平台。学社最终认为，对于这一会议制度，形式不必固定，部门不固定，时间不固定，有工作时由负责人自行协调。

四、交流平台

任何一个社团，其成员间必须要有一定的交流，才能促进社团的发展。因此，构建一个广泛的交流平台，是完善社团工作的有效途径。在 Q 学社的学习生活过程中，同学、朋友间的交流沟通是必不可少的。社员时常会遇到一些困惑与挫折，如果能够及时和他人讨论、听取他人的意见，则常常能够疏通思路、不气不馁；而如果让成员一个人琢磨，则很容易钻牛角尖，或是做出一些极端的行动，或是消极颓废。事实上，对于一个理论组织，学习之外的讨论是会员留在组织内的重要原因。

社团组织需要有分别适合骨干成员、所有成员进行沟通的平台。Q 学社除了通过定期举办的见面聚会进行面对面的交流，还利用网络工具建立沟通平台。Q 学社建有三个 QQ 群：校园交流群，用于与本校、外校所有对 Q 学社的话题有兴趣的同学之间的广泛交流；社团工作交流群，用于理事会、执委会以及各部门成员针对工作内容进行定向沟通交流，提高工作效率；"《资本论》与当代世界"答疑交流群，用于讨论《资本论》和马克思主义政治经济学及其他学术交流内容。此外，Q 学社还通过青梅 App 发布一些推荐文章、通知、思想交流，还通过建立的 Colorwork 工作平台进行学习材料的发布，并进行相关内容的讨论。学社之前还有人人网主页，依托人人网进行学社活动的宣传工作。而学社的所有通知，除了在上述平台上发布之外，还会通过 Q 学社的飞信，通过短信形式向所有成员发送，避免信息的遗漏。2014 年春季学期，Q 学社开始建立微信平台，通过微信平台向大家传送活动通知。学社正是期望通过这样一种全方位立体的平台模式，为成员构建一个良好的沟通交流的场所。

借助这些多媒体工具，Q 学社成员间的交流非常顺畅。当某位成员遇到问题和困惑时，他自己会知道通过何种途径有效地寻找到帮助。成员间也可以就社团的工作、社团的发展方向等问题，展开充分的交流。无疑，这一措施有助于成员增强集体归属感与责任感，更有利于社团活动的进行。此外，Q 学社有专人对成员的信息进行管理，及时增减相关人员、更新联系信息以保证沟通的有效性。

五、运转模式

一个社团要能够顺利运转，首先就要有一个对外宣传、联络的统一战线。作为一个思想理论型的学生社团，要长久立足于学校，必须要有广泛而坚实的群众基础，即能获得广大同学的正面认可或认同，有一定的知名度和影响力，保证每学期都有稳定数量的新会员加入。同时，在主管或分管学生工作的教师和辅导员当中，社团也能得到一定程度的肯定，他们在工作当中会向自己的学生推荐、介绍或提到这个社团，这都是对社团的生存和发展有利的条件。

对于社团来说，宣传和联络工作的目的在于利用校内外一切可能的资源，通过开展多层次、多类型的活动——如理论宣讲、联合实践等，扩大社团的辐射影响面，以争取更广泛的同学基础，促进自身组织的发展和壮大。宣传的对象主要是学校内的普通同学，如理论宣讲会上的听众、参加社团实践的同学等；同时，对学校内相关的老师进行联络，包括与学会的生存和发展有关的老师、党团系统老师、社团的指导教师、学院辅导员等；而对其他学生组织则进行统战工作，让其他学生组织认可本社团、接受本社团。

第一，宣传工作。社团的对外宣传工作，指的是社团在本校内的宣传工作。社团在学校内树立怎样的形象、通过什么样的活动树立这样的形象，直接影响社团在校园内的地位及新同学对于社团的初步印象。Q学社对外宣传的定位为树立健康积极的有志青年形象，主要有社团讲座、志愿活动、网络宣传等手段。

不可否认，大多数同学对马克思主义基本原理的系统理论尤其是理论的实践应用知晓甚少，往往只是停留在书本上的基本理论介绍。有些对社会主义有认同但对现实比较迷惑的同学愿意了解一些马克思主义基本理论和社会发展历史，而有些学生党团组织，尤其是低年级的学生组织在开展理论学习时，会在理论的广度和深度上遇到很多的困难。他们需要有一定理论水平的同学帮助他们开展理论方面的学习。此外，校内的同学了解社会现实的渠道有限，有的只能借助于网络获得不够全面的认识。对于一些想亲身体验社会的同学来说，到群众中去调研是一个很好的方法。然而大部分学生组织，对于组织这些活动既没有经验，也缺乏资源，往往只能停留在游玩、参观或关爱弱势群体的层次。因此，Q学社通过帮助同学们进行理论学习、参与社会实践，来帮助大家更好地了解社会，从而能够更好地开展活动。

在校内，学生社团合法合理地开展丰富多彩的活动，学校也是乐意看到并愿意给予一定的资金和场地支持的。认识水平、兴趣点各有不同的普通同学是社团工作的主要对象。利用各种机会引导同学们关心时政，给他们提供了解相关信息和材料的平台，针对他们的需要办一些讲座，是Q学社工作的主要内容。对于在校外的活动来说，学校对学生通过参与社团到校外参与非学校组织的活动或开展社会活动持谨慎态度。因此，对于这类活动的开展，Q学社则采取低调与自我保护的态度。此外，学校党团系统定期组织的思想教育活动，如党支部的组织生活、专题纪念活动，正好给了Q学社成员很好的展示自己和学社的舞台。学生各党团支部每学期都要求组织一定次数的理论学习和社会实践活动，而一些年级尤其是低年级的支部负责人，因为理论水平、学习材料、社会资源不足，经常为如何组织这些活动而烦恼。Q 学社正好借这个机会，以与党团组织合作开展活动的名义，对同学们进行内容生动多彩、理论正确的宣传，同时扩大社团的影响力。社团骨干成员邓子豪说：

> 有些人认为，那些不参加本社团的普通同学，意识太落后，不值得为他们花时间精力，社团应该全身心地培养自己的会员。这种思想自觉地脱离于群众，很容易使社团在学校陷入孤立状态，难于长期维持。我们要认识到自己工作上有各种的不同，并不是每一个在校的同学都知道本社团的存在与性质，而且如果不是真正参与过社团组织的活动，光凭简单的介绍，普通同学也很难真正理解本社团的情况。同时，有些同学已经对政治、革命、主义等词麻木了，所以我们更有必要通过各种活动开展积极有效的宣传。

当时，Q 学社最主要的宣传平台就是社团讲坛，通过在人人网等社交网络以及校园橱窗展示海报等途径宣传活动内容。此外，Q 学社也会经常在校园网登录界面发布讲座信息、社团简介等内容，提高社团在校园内的知名度。另外，社团也建立了校园交流 QQ 群，供社团成员与校园内非社团成员进行交流讨论，共同促进。同时，借助学校举办各种学理论活动的契机，积极参与，通过获奖来提高 Q 学社的成就感，实现 Q 学社的功能和价值。

讲座活动的宣传是社团对外宣传的主要途径。学校内讲座资源并不是很多，因此学生对于校外老师也有很大期待，组织这样的讲座很符合在校大学生的认知需求，因此，社团的主要活动就是讲座。同时，讲座还可以扩大社团校外老师的资源。不同学校的老师，在听过社团的介绍以后，都很愿意无偿帮助社团进行讲座安排，也很希望通过社团来表达自己的一些观点和意见。

另外，讲座的定位在不同时间有不同的作用。在开学之初的讲座定位更多的是为了宣传招新工作。学期期中的讲座，可能更多为了拓展校外老师资源，对老师的名气要求很小，甚至可以请一些学长或者相关专业背景的同学来开办讲座。这样更加拓展了讲座对社团的作用，也起到了校外资源联合的功能。

这样的讲座多为关注社会基层群众，注重政治经济学的内容，可以吸引一部分已经对工农群众有关注，对政治经济学有见解的同学，他们会自愿地加入社团中，所以社团讲座同样具有招新作用。

社团还有志愿活动，通过这些活动来扩大社团的影响力，这也是社团十分重要的活动。早期的志愿活动主要有收集大学一年级军训服捐赠给建筑工地工人等，这是为了树立社团健康公益的形象，同时也扩大了社团的影响力。

网络宣传是社团对外宣传比较特殊的一部分。以网络宣传的特点来看，它可以更加专业、更加系统地宣传某些事件或者专业知识。但是，它面对的对象是普通大学生群体，也要注意宣传方法。这一部分内容主要包括对相关时事的跟踪报道、对马克思主义基本原理的简单介绍、对网络马克思主义者的跟踪联系。

此外，网络宣传也是有利有弊的。网络宣传有资源丰富、及时新鲜的特点。但事实情况是，同学们通过网络来学习马克思主义基本知识的很少，反而是已经具有马克思主义基本知识相关理论的同学在网上宣传的居多。另外，运用网络宣传某些事件或者事情，不可过激，以免对自己和他人造成伤害。

面对这样的情况，网络宣传应该更加讲究面向对象的群体分析。社团在这方面更加注意话语体系的运用把握，避免在网络群体中孤立自我、树立唯我独尊的态势。同时，注意潜移默化的宣传和鼓励大家思考社会、自我学习。

第二，联络工作。除了对广大普通同学进行宣传工作，Q学社还非常注意对学校老师、团委领导、学院辅导员、学生干部等人员的联络工作。这些联络工作在一定程度上提高了Q学社的存在感，同时，也为Q学社的活动增添了一些便利。

在高校中，会有一些关心工农大众并研究社会问题的老师，尽管他们的主张与方法不一致，但是联络这些老师，并争取他们对社团的支持和指导，对于社团的生存和发展十分有利。社团骨干成员认为，在学术上非常有造诣的老师，可以给社团提供理论指导；而在行政上有职务的老师，则可以为学社提供各种资源和必要的保护。对于学校中的一些思想倾向上与学社成员比较接近的老师，社团认为应当努力与之保持定期的联系，主动向他们汇报社团的简要工作。而对于一些老教师，其自身经历丰富，对中华人民共和国的历史有自己的感悟与体验，则可以向他们了解一些历史故事；专业研究社会问题的老师，则可以向他们请教理论与实践中遇到的各种问题；曾经或正在担任行政职务的老师，也可以在必要时向他们寻求帮助。

针对党团系统中对学生社团工作有直接或间接的指导和干预作用的老师与辅导员，学社在组织进行活动的工作中，会经常与他们打交道，因此学社十分注意给他们留下良好的印象。有些辅导员可能并不十分懂得理论知识，但他们比较支持学生学习理论。有一部分辅导员有可能对于学生理论社团的学习活动并不支持，但他们大多数是站在维护稳定的角度以及执行学校的有关命令，因此 Q 学社的成员采取了主动配合辅导员事务性的常规工作，以获得他们对社团工作提供的相应便利。对于学校团委与各院系从事学生工作的干部，Q 学社一般会通过合作开展活动的机会与之建立联系，在社团有其他活动需要宣传的时候仍可以请其帮忙。同时，社团成员中也有一些担任党团干部、学生会干部的，他们或许因为职务需要占用了许多时间和精力而不能过多地参与社团的活动，但仍然可以在具体活动中团结他们并与之合作，这些成员的存在，也在一定程度上为学社提供了保护。

从学社自身的发展和建设的过程来看，其对学生组织的干部的联络是有相当大的意义的。一方面，愿意和 Q 学社接触的学生组织的干部中，也存在着可以重点发展的对象。在活动的过程中，社团成员会更多地和他们接触，争取把他们拉到社团来学习。实践证明这条路是可以行得通的，Q 学社每年都有一些新会员是通过这种方式加入的。另一方面，通过开展这些工作，社员也可以锻炼自己做群众工作的能力。

第三，统战工作。Q 学社十分重视和其他同类社团以及党团组织的联合与合作。在目前的社会形势与政治条件下，公开宣传马克思列宁主义、关注工农群众应当而且也能够成为思想舆论界的主流，只是内容与目的不同了，因此，Q学社更希望可以以合法的途径做许多具体而有益的事。这也是Q学社与其他组织和个人建立统一战线的基础。

学校的同类社团并不多，主要是求是学会和K大青年读书会。随着社团的发展壮大，开始出现了如何处理与同类兄弟社团的关系问题。不可否认的是，在理论学习方面，Q学社相比较而言走在了前面，但如何处理与其他思想类社团的理论建设的问题，让Q学社有一个更加缓和的外围环境，避免使得Q学社变成一枝独秀，成了骨干们思考的重要问题之一。因此，Q学社对待兄弟类思想社团的态度是求同存异、共同进取。

求是学会是学校团委组织建设的马克思主义社团，在学校的影响力一直很大。2014年春季学期，Q学社和求是学会曾就如何加强思想类社团理论建设这一问题进行了交流。同时，双方也进行了一些合作活动，共同举办了一些讲座活动，取得了不错的效果。

而K大青年读书会的成立则比Q学社还晚半年。Q学社一直坚持可以互相参加读书会，一起探讨读书会的组织形式来共谋发展。Q学社成立以来，曾多次和K大青年读书会共同举办讲座。同时，双方在理论学习上也有很大共识，认识到青年有必要学习一些马克思主义理论知识。

与其他兄弟社团的合作与联系，使得Q学社有了较好的外部环境，同时也在学校营造了更好的理论学习环境。这对于Q学社的长远发展来看，也提供了很好的条件。

此外，Q学社还注重与其他党团组织的合作。作为学生党支部，必须开展党组织生活，包括发展党员等事务性工作、学习中央文件、时事讨论、理论学习、参观实践或志愿服务活动等。这些活动多数要求有一定的思想性。通常来说，低年级的党支部更倾向于按规定开展各项活动，但经验和能力不足，多数会流于形式，讨论或学习时只是泛泛而谈。而高年级的党支部，则表现出两个极端——有基础或支委能力强的支部能在班级中起到政治核心的作用，而多半的支部只是为了发展党员而例行开会。因此，Q学社把低年级党支部作为工作的重点。他们认为，如果能在低年级的党支部中产生积极的影响，这个支部就会与学社保持良好的合作关系。

同时，绝大多数的大学生都是共青团员，每个班级都有一个团支部。团支部是班级思想建设的平台，学校每年都会有团支部评级。一般而言，一个团支部一学期需要办一次主题团日和两次团组织生活。主题团日的主题是由学校规定好的，而团组织生活对思想性要求并不高。相比于党支部，团支部的同学比较多，其工作内容与班集体也多与重合，是一个更具广泛代表性的群众组织。因此，与团支部的合作，社团采取了更大的包容的心态，通过丰富多彩的活动，讨论各方面的问题，内容相对更加宽泛自由。

通过与学生党团组织的合作，并且把这些合作活动做好，也就可以通过"一传十，十传百"的效应，增加社团的存在感，会有越来越多的同学知道 Q 学社，并且开始参与 Q 学社的一些活动。对此有兴趣的同学可能就会更进一步地了解 Q 学社，加入 Q 学社。由此，社团在群众中的影响力会提高，正面评价也会越来越多。比如，有些大学一年级新生之所以会加入 Q 学社，是因为刚来学校时就有辅导员和学长推荐，而这些辅导员和学长大多不是社团成员。即使活动没有收到预期的良好效果，只要社团活动采取的策略得当，仍然可以给参与者树立一个正面的形象，比如关心工农、关注社会、热爱国家等。同时，这些活动客观上促进了学校的学生党建工作，会得到学校党团组织的支持和赞赏。这对于社团申请活动经费，处理和学校的关系也是有一些帮助的。学社骨干成员普遍认为：

> 学校提供的这些学习主题其实也给我们提供了很好的活动空间，因为如果这种活动单单由学生党团组织去办，往往就容易流于形式，或者看看视频，或者探讨缺乏深度。我们可以利用这个机会与学生党支部、团支部合作开展学习活动，展示我们的理论、实践成果并组织相互间的讨论，以适当地加入我们的思想引导，启发同学们进一步地思考社会问题，或者提供另一角度的材料和想法让大家分析。

在与其他学生组织联络的过程中，社团强调负责人要尽量了解他们的工作内容与方向，寻找共同点并明确不同点。为了维持力量的平衡，为了长期合作，有时与某一方实行必要的、暂时的妥协是必需的，但应该是积极的，不是消极的。社团认为，一要保持自身组织的独立完整性；二要保证从长远来看，他们所开展的各种工作是积极有益的。

在结合学校的需要而承办的活动中，在与其他学生组织合作开展的活动中，社团坚持自身的特色，鲜明展现自己的观点与立场。如果某个活动无益于表现本社团的立场与主张，社团则会婉拒或提出内容与形式上的改变。

在与学校主管部门的接触过程中，Q学社主要突出了本社团的优势在于理论学习，能够组织会员进行深入的学习和研究，以示与其他社团的区别；社团通过实践活动的成果，也对外显示了自己的实力和学习的成效。另外，还有一些志愿公益型的社团组织，其在关心社会、帮助弱势群体方面与社团有一致的地方，只是理念主张不同，它们也是社团团结合作的对象。

综上所述，Q学社通过职能制的组织结构，设置了学社理事会、执委会以及五个部门；Q学社的成员有着共同的爱好和追求，学习马克思主义，践行马克思主义，有着十分鲜明的特点和共性；主要采取了自我教育的方法对社团成员进行培养；通过定期举办的见面聚会进行面对面的交流，同时还利用网络工具建立沟通平台；采用宣传和联络的方式宣传自身，联络学校老师同学、兄弟社团等组织，为自身发展营造良好的环境和空间。

第二节　外部支持

社团要实现自己的价值，首先要有一定的能力整合各方面的资源，通过各方面的支持，确保整个社团组织结构能够从环境中获得所需要的资源，并且能够在系统中进行分配，实现其功能价值。这些实际的支持使得社团有充足的经济资源进行社团活动、购置其他社团资源，有充分的学习资源组织社团的各项学习活动，并且得以适应校园整体环境，顺利协调社团的各个部门，保证社团各个活动的正常开展。这可以说是社团适应功能的实现。对于社团来说，适应功能的实现不仅取决于社团的资金支持，更取决于社团所得到的人际关系、学习材料的支持。

Q 学社从建设成立之初，就得到了多方面的支持，正是这些支持，使 Q 学社得以健康、茁壮地成长、壮大。学社成立之后的活动，也离不开各方面的支持。除了学校团委在职责层面上的大力支持，社团的发展还离不开关心社团的老师、学长以及社会组织的帮助和支持。

一、学长、老师的支持

在关爱工农社会实践活动被部分禁止之后，志愿者们成立了青年读书会，也正是在读书会上，他们认识了很多志同道合的朋友。这其中，就有一些学长，在之后成立的 Q 学社活动中给予了大量的帮助。同时，在社团成立前后，一些学校的老师也给予了大量的支持。

第一，学长的支持。最早的支持来源于像高鹏飞一样已经毕业了的学长。当时高鹏飞学长在清华大学马克思主义学院读博士，他也曾经是关爱工农社会实践活动的成员，但参与活动不多。高鹏飞学长作为 K 大学的毕业生，一开始就参与了青年读书会的读书活动，由此结识了张晓旭等人，从而共同讨论了奔赴唐山的实践活动，并在后来的 Q 学社的活动中提供了部分帮助与指导。高鹏飞学长主要通过与成员的思想交流、共同学习，一起学习社会热点问题、中华人民共和国历史和马克思主义的基本著作，帮助社团早期成员形成统一的思想基础，并且提升了社团早期成员的理论水平，使社团早期成员有了一定的马克思主义理论基础。除此之外，他们共同探讨其他方面的内容，涉猎广泛。谈及 Q 学社时，高鹏飞学长说：

> 这个社团有一群敢于担当、有理想、认同马克思主义、能够积极推动社团前进的骨干，这是最吸引我的。社团的骨干不保守，积极接

触各种观点，联系各方学者，不受以往经验的束缚，很有开拓精神。他们是一群有共同的理想信念，能够踏踏实实地做些事情的人。

同时，对于 Q 学社的活动，高鹏飞学长也寄予厚望：

> 希望他们的活动能够让大学生树立正确的理想信念，对马克思主义的理论产生兴趣，关心社会，成长为有觉悟、有理想的社会主义接班人。

现在的高鹏飞学长已经是浙江某大学的一名思想政治理论课教师，但他仍然关心着 Q 学社的发展，除了在 Q 学社的 QQ 群中共同参与讨论和学习，也会在每次来北京的时候专程与学社的骨干成员进行交流，对学社的建设进行一些指导，促进学社的发展。

正是有着像高鹏飞一样的学长们的帮助，Q 学社的骨干成员才能迅速、正确地掌握马克思主义理论相关知识，并对所学理论产生思考，付诸实现。

第二，余文老师的支持。余文老师，现为中国社会科学院马克思主义研究院研究员。社团成立后，邓子豪和学社几个同学去清华大学听余文老师的讲座，由此认识了余文老师。讲座之后，邓子豪通过网络开始联系余文老师。2012 年 11 月 14 日，邓子豪、吴浩天赴中国社会科学院，受到了热情接待，在听了中国社会科学院的工作报告，与余文老师深度交流后，确定了社团讲坛下一场讲座内容，还与中国社会科学院多位研究员建立了联系。此后，除了邀请余文老师来学校进行相关讲座以外，社团还多方努力，申请下来一门公共选修课"《资本论》与当代世界"，并邀请余文老师主讲。对于此事，余文老师说，"我觉得他们社团最突出的一点是有办事能力，居然可以办下一门选修课来"。此外，余文老师还在 Q 学社的 QQ 群"《资本论》与当代世界"中与同学们进行了热烈的讨论，指导同学们共同学习《资本论》。更重要的是，余文老师还把"《资本论》与当代世界"这门公共选修课的课酬捐助给了学社，以此促进社团的发展。在 Q 学社举办的讲座中，余文老师从未收过一分酬劳，他说，"传播马克思主义可以不收费"。对于 Q 学社，余文老师是这样认为的："它会带动一些风气，是思政课教育的一个补充，有利于马克思主义的学习和传播。"

第三，李梅老师的支持。李梅老师为 K 大学马克思主义学院教师，主要研究领域为马克思主义基本原理、马克思主义政治经济学、城镇化、"三农"问题。Q 学社成员和李梅老师的接触，主要来自课堂。"上课的学生告诉我的，Q 学社的主要成员正好上我的课，交流较多"，李梅老师说，"这些学生满怀着热情和理想，值得老师的倾心帮助和指导。" Q 学社成员的热情和对社会的责任心以及担当精神深深地吸引了李梅老师，由此，李梅老师对学社的发展规划、社会实践活动、实践论文的撰写等方面进行了相关的悉心指导，并参与了一些学社的活动，共同交流学术观点。同时，李梅老师慷慨解囊，为 Q 学社的建设提供了资金上的帮助。李梅老师说，"这些学生所追求的正是马克思主义理论课教师孜孜以求的。思想政治理论课教师的使命，就是把马克思主义从理论变成学生的思想、信仰和实践，现在有学生团体自动向马克思主义靠拢，作为教师义不容辞，更应主动承担这份责任"。她认为，像 Q 学社这样的学生自发组成的理论学习型社团，会对大学生的思想情况产生比较大的影响，对其他大学生具有模范引领的作用。她说，"实践是理论转化为内在信念的途径，这是大学生马克思主义理论骨干培养的重要途径"。

第四，彭旭老师的支持。彭旭老师，同为 K 大学马克思主义学院教师，教授、博士生导师，主要研究方向为社会思潮与青年教育。彭旭老师早年曾创立过马克思主义学习小组，这也是自发组织学习马克思主义的理论社团，因此，对于 Q 学社，彭旭老师是非常支持与鼓励的。从某种意义上来说，彭旭老师可以说是 Q 学社实际上的指导教师，虽然学社没有具体和彭旭老师提过这件事，彭旭老师自己也没有正式表态，但是 Q 学社的成员跟彭旭交流比较密切，彭旭老师也十分关心社团的发展，双方算是默认了这一点。在 2013 年社团注册的表格上，Q 学社就把指导老师填成了彭旭老师。

在 Q 学社成立之前，彭旭老师就对它有了相当的关注。除了资金上的支持，彭旭老师对学社更多的是思想方向的指导以及对相关老师的推荐。

第五，徐洪武老师的支持。徐洪武老师既是学长，也是学校团委宣传部的负责老师。社团成员和徐洪武老师的接触是在社团成立之后了，由于彭旭老师的推荐，邓子豪率先和徐洪武老师进行了联系和沟通。在之后的活动中，学校团委宣传部设置了一个"高校理论动态研究"的项目，邀请 Q 学社的成员参加，通过工作对部分成员进行补助，这笔补助社员也就用来作为 Q 学社的经费投入，用于社团的建设和发展，每月大致有 1500 元。这在一定程度上大大解决了社团没有稳定经费来源的问题。此外，徐洪武老师在学校团委宣传部的宣传平台青梅 App 上邀请 Q 学社登录，通过青梅发布社团消息。在学校团委宣传部的内建活动上，徐洪武老师常常会邀请 Q 学社的成员共同参加。

二、社会组织的支持

社团成立之初，活动资源较少，但也得到了一些社会组织的支持。这其中，最主要的是 W 网和 WX 网站。

W 网是一个政经评论网站，该网站于 2003 年由北京 W 公司开设。社团与 W 公司的联系，最初源于彭旭老师的介绍，基于此，社团骨干成员邓子豪在网上找到了 W 公司的经理范总的联系方式，并与之进行了联系。之后，Q 学社派四五个代表去了 W 公司所在地，双方进行了沟通。此后，Q 学社与 W 公司一直保持联系，学社的一些活动也由 W 公司策划，由学社负责组织和安排。吉利伟在介绍 Q 学社和 W 公司联系的过程时这样说道：

> 在得到彭旭老师的介绍后，邓子豪和 W 公司的经理范总直接取得了联系。邓子豪在网站上找到了范总的联系方式，并和他联系，约了一下时间，学社这边有四五个人去的 W 公司。当时和范总聊了大概一个多小时，具体内容记不清楚了，大概包括国史、改革开放、社团、今后的联系等几个大的主题。然后后面一直和 W 公司的人有联系，基本上每学期都有联系，每学期差不多一到两次左右。后面就是参加 W 公司的一些活动，比如纪念毛泽东诞辰 120 周年的活动。有的时候社

团的讲座都是 W 公司策划的，所以会一直保持联系。W 公司给提供讲座人和主题，我们负责时间和场地，他们把人带过来。后来 W 公司又搞了个正能量公社联盟，主要内容就是高校社团联合。这个联盟主要搞校际活动，搞晚会，也会在北京放电影，另外，给社团的毕业生一个出路，想搞实体经营活动，社团毕业生出来之后，可以直接去那里，它的一个重要的方面是保持毕业生的联系。我们觉得这对社团的发展并没有实际的促进作用，也就没有参加。

WX 网站是集网站、高校讲座、学术交流和大学生社会实践为一体，面向大学生、服务于大学生的文化传播机构。WX 网站秉承"新青年、新文化、新主流"的理念，致力于打造关注中国大学生思想成长的网络平台。新人圈是新青年的思想交流中心；高校讲座，聆听大师智慧；社会实践，认识真实中国。在 WX 网站的活动，主要是与之进行交流，并且与一些类似的社团建立联系，共同学习和进步。社团通过了解知道 WX 网站是源于哈尔滨工业大学的 LMYG 社团。当时的 Q 学社骨干之一邓子豪同学就在 QQ 群中认识了 LMYG 社团的负责人，并且通过沟通交流共同参加了 WX 网站的活动。2012 年 10 月 31 日，邓子豪和吴浩天等几个同学赴 WX 网站进行座谈，与 WX 网站工作人员交流了理想主义的深刻内涵以及当代青年的历史使命，并获得 WX 网站赠书共六册。吉利伟这样介绍 Q 学社和 WX 网站的关系：

> WX 网站是从 W 公司分出来的一个支系。差不多是在 2012 年前后吧，就有了 WX 网站这么一个概念。它的工作对象是大学这个方面的，原来在北京海淀，后来迁到了河北高碑店。与 W 公司相关的有两个网站，一个是 H 中文网，后改名为 H 正道网；另一个是 WX 网站。2012 年秋，吴浩天、邓子豪等四个同学去过北京海淀的 WX 网站，2013 年 7 月底，我和吴浩天去过河北高碑店的 WX 网站。2013 年"十一"假期，社团搞了一个短期实践，带了七八个人去河北高碑店的 WX 网站。去 WX 网站，实际上就是和 WX 网站进行交流，这是目的

之一。但是，去 WX 网站，并不是只有这一个目的，还有其他更重要的目的，就是社团交流，结交全国的一些社团，先熟悉，后保持串联。因为去 WX 网站时，我们知道 WX 网站当时正在搞一个活动，有很多社团、很多人参加，所以就特意选的这个时间点。当然，结果就是也认识了一些社团，但最重要的收获反而是对 WX 网站的认识，包括和 W 公司的直接接触。邓子豪搞了个 QQ 群，里面有 LMYG 社团的负责人，由于邓子豪比较活跃，就把邓子豪加到 LMYG 社团群里了，后来也把我和吴浩天加进去了。2013 年暑假，我去了趟哈尔滨，去和哈尔滨工业大学 LMYG 这个社团做交流，他们提到了 WX 网站的这个活动，他们也去参加。

在 WX 网站的活动中，社员们发现，大家工作非常热情，干活及承担任务非常积极，能动性非常高。这也变成了社团成员思考和学习的内容。在此之后，社团骨干成员们认为，以后可以再去 WX 网站活动。吉利伟说：

> 保守估计，WX 网站至少有全国二十来个社团，主要可能在东北、北京、河北、太原、西安、江西、湖南、河南等地。它不以联盟相称，而是以 WX 网站作为媒介集合社团，这种方式比较重要。也就是说，高校社团的联合，并不是社团之间的联合，而是以校外工作为核心对高校社团的联合。WX 网站是这么一个模式。他们强调改造世界，怎么改造呢？就是先改造自己，也就是自己做得真善美，然后带动周围的人这样，就通过这个手段达到了他们改造世界的目的，这是他们强调意识能动的一个直接的结论。

W 公司和 WX 网站是 Q 学社联系的两个重要的社会组织，W 公司为 Q 学社的理论活动提供了一部分支持，而 WX 网站则在一定程度上为 Q 学社提供了实践的平台。当然，二者都不是 Q 学社最主要的理论知识来源和实践资源平台，Q 学社最主要的理论知识来源和实践资源平台，依然是读书会以及平时的社会实践。

综上，Q 学社从建设成立之初，就得到了多方面的支持，正是这些支持，使 Q 学社得以健康、茁壮地成长、壮大。除了学校团委在职责层面上的大力支持，社团的发展还离不开关心社团的老师、学长以及社会组织的帮助和支持。

本 章 小 结

本章主要对 Q 学社的组织结构、获得的外部支持几个方面的发展过程进行详细的阐述，让读者对其过程有个直观具体的了解。

（1）组织结构。

Q 学社目前是职能制的组织结构，设置了社团理事会、执委会以及五个部门。会议重大决策由社团集体交流协商，理事会最终决议，执委会及其下属部门执行。理事会与执委会必须坚持理论联系实际、密切联系群众、批评与自我批评三个原则。

成员基本特点

对 Q 学社而言，他们有着共同的爱好和追求，学习马克思主义、践行马克思主义，有着十分鲜明的特点和共性。

第一，Q 学社成员以男生为主，女生较少；以理工科学生为主，文科学生较少。第二，Q 学社成员的家庭状况以农村为主，家庭经济状况普遍不太宽裕。第三，Q 学社成员以共青团员为主，但除一部分党员以外，还有一部分同学既不是党员也不是团员。第四，在 Q 学社的活动中十分活跃的成员不仅有新成员，老成员也占了很大部分。第五，Q 学社的成员成绩分布较平均，各个层次都有。第六，成员加入 Q 学社的方式主要是以参与社团举办的讲座和周围同学推荐为主，通过统一招新活动加入的较少。第七，成员加入 Q 学社的主要原因是认为社团思想性、时政性较强，想要锻炼自身能力的较少。第八，成员在 Q 学社主要活动中的参与率很高，可谓热情高涨。

培养模式和标准

Q学社主要采取了自我教育的方法对社团成员进行培养，通过个人以及社团的自主学习与讨论，获得丰富的理论知识以及社会认知，并达到社团培养成员的标准。

Q学社对社团成员的具体培养模式是国史学习一实践走入工农一成为骨干。Q学社认为，社团干部应当有如下标准：第一，立场和世界观的进一步明确并愿意不断改造；第二，有一定的理论修养——了解社会形势与历史、掌握基本的历史唯物主义原理，要有独立自主进行理论学习的能力，最好还能开展自主的分析和研究工作；第三，基本的组织工作能力。

组织形式

Q学社从最初的无领导组织形态，渐渐发展产生理事会来决定社团大小事务，接着执委会的功能逐渐替代理事会执行社团的各项工作，到现在由五个不同的部门分工执行社团的主要工作内容：理事会、执委会、各部门和"5+X"会议。

交流平台

Q学社除了通过定期举办的见面聚会进行面对面的交流，还利用网络工具建立沟通平台。Q学社建有三个QQ群，分别用于与本校、外校所有对Q学社的话题有兴趣的同学之间的广泛交流；用于理事会、执委会以及各部门成员针对工作内容进行定向沟通交流，提高工作效率；以及用于讨论《资本论》和马克思主义政治经济学及其他学术交流内容。此外，Q学社还通过青梅App发布一些推荐文章、通知、思想交流，还通过建立的Colorwork工作平台进行学习材料的发布，并进行相关内容的讨论。2014年春季学期，Q学社还开始建立微信平台，期望通过全方位立体的平台模式，为成员构建一个良好的沟通交流的场所。

运转模式

Q学社主要通过宣传和联络工作利用校内外一切可能的资源，通过开展多层次、多类型的活动扩大社团的辐射影响面，以争取更广泛的同学基础，促进自身组织的发展和壮大。

目前，Q 学社最主要的宣传平台就是社团讲坛，通过在人人网等社交网络以及校园橱窗展示海报等途径宣传活动内容。此外，Q 学社也会经常在校园网登录界面发布讲座信息、社团简介等内容，提高社团在校园内的知名度。另外，社团也建立了校园交流 QQ 群，供社团成员与校园内非社团成员进行交流讨论，共同促进。同时，借助学校举办各种学理论活动的契机，积极参与，通过获奖来提高 Q 学社的成就感，实现 Q 学社的功能和价值。除了社团讲坛，志愿活动和网络宣传也是社团对外宣传活动的重要方式。

Q 学社还非常注意对学校老师、团委领导、学院辅导员、学生干部等人员的联络工作。这些联络工作在一定程度上提高了 Q 学社的存在感，同时，也为 Q 学社的活动增添了一些便利。

在统战工作方面，Q 学社十分重视和其他同类社团以及党团组织的联合与合作。与其他兄弟社团的合作与联系，使得 Q 学社有了较好的外部环境，同时也在学校营造了更好的理论学习环境。这对于 Q 学社的长远发展来看，也提供了很好的条件。

（2）外部支持。

Q 学社从建设成立之初，就得到了多方面的支持，正是这些支持，使 Q 学社得以健康、茁壮地成长、壮大。除了学校团委在职责层面上的大力支持，社团的发展还离不开关心社团的老师、学长以及社会组织的帮助和支持。

学长、老师的支持

第一，学长的支持。几位学长作为 K 大学的毕业生，一开始就参与了青年读书会的读书活动，由此结识了后来的社团骨干成员，从而共同讨论了奔赴唐山的实践活动，并在后来的 Q 学社的活动中提供了部分帮助与指导。

第二，中国社会科学院马克思主义研究院老师的支持。社团成立后，社团骨干成员在听取中国社会科学院马克思主义研究院老师的讲座过程中，与老师进行深度交流，与中国社会科学院多位研究员建立了联系。此后，除了邀请老师来学校进行相关讲座外，社团还多方努力，申请下来一门公共选修课"《资本论》与当代世界"。更重要的是，老师还把"《资本论》与当代世界"这门公共选修课的课酬捐助给了学社，以此促进社团的发展。

第三，K大学马克思主义学院老师的支持。Q学社成员通过思政课堂，与K大学马克思主义学院的老师有了深入交流。有的老师对学社的发展规划、社会实践活动、实践论文的撰写等方面进行了相关的悉心指导，并参与了一些学社的活动，共同交流学术观点。有的老师慷慨解囊，为Q学社的建设提供了资金上的帮助。

第四，学校团委老师的支持。社团成立后，社团成员和当时学校团委宣传部的负责老师建立了联系和沟通渠道。在之后的活动中，学校团委宣传部设置了一个"高校理论动态研究"的项目，邀请Q学社的成员参加，通过工作对部分成员进行补助，这笔补助社员也就用来作为Q学社的经费投入，用于社团的建设和发展。

社会组织的支持

社团成立之初，活动资源较少，但也得到了一些社会组织的支持。这其中，最主要的是W网和WX网站。社团骨干成员在网上找到了W公司的经理的联系方式，并与之进行了联系。之后，Q学社派四五个代表去了W公司所在地，双方进行了沟通。此后，Q学社与W公司一直保持联系，学社的一些活动也由W公司策划，由学社负责组织和安排。WX网站作为W公司分离出来的一个支系，学社主要与之进行交流，并且与一些类似的社团建立联系，共同学习和进步。

W公司和WX网站是Q学社联系的两个重要的社会组织，W公司为Q学社的理论活动提供了一部分支持，而WX网站则在一定程度上为Q学社提供了实践的平台。当然，二者都不是Q学社最主要的理论知识来源和实践资源平台，Q学社最主要的理论知识来源和实践资源平台，依然是读书会以及平时的社会实践。

第四章

社团的主要活动与功能实现

社团活动作为社团功能实现的依托平台，是一个社团成功与否的载体。社团活动欣欣向荣，说明社团发展繁荣；反之，社团活动冷冷清清，则显示社团发展受到局限。因此，本章主要介绍社团的主要活动形式以及社团功能的实现。

第一节　主要活动

结构功能主义中的达鹄功能明确提出，这一功能的实现可以使结构得以确定系统目标以及各个目标之间的主次关系，并能够调用社会资源使目标得以实现。社团举办一系列的活动，正是为了实现社团的目标和价值，同时，社团的主要活动以及次要活动，在社团结构中的地位也不尽相同。社团活动通过整合调用学校、老师的各方面资源，充分联系理论与实际，达到社团对于成员思想教育的功能与价值。

学社的活动以自我教育为主，不论是读书会还是社会实践，以及新筹办的社团书架和观影会，主要都采用了思想政治教育的自我教育法。通过个人的自我教育以及社团成员间小组形式的自我教育，学习理论、践行理论，实现社团的重要目标，使自我认识得以丰富、自我修养得以提高。

由此可见，社团的活动是该社团实现其宗旨的载体，也是社团延续其生命的保证。在社团的活动建设上，群众路线和干部培养不可偏废。群众路线即做好社团的内部建设，更好地为社团新成员服务。同时，通过宣传工作影响社团外部更多的同学。群众工作是社团的主要工作，是社团存在的意义所在。干部培养则是社团很关键的工作，好的干部是社团发展壮大的保证，是社团开展群众工作的保证。Q 学社对外进行的活动主要有读书会、社会实践、社团讲坛和社团书架，以及不定期举行的观影会等。

一、读书会

Q 学社作为一个理论学习型社团，其主要的活动内容自然是学习。学习的任务，主要就由读书会来承担。通过坚持学习，不断汲取营养，不断提高自身理论知识水平，增强对社会问题的逻辑分析判断能力。读书会旨在通过阅读书籍、文章，研讨时事热点、中华人民共和国历史和当今现状，引导大学生深入关心社会。学社的成员以博览群书为任、以良书益友为径、以勤奋思考为荣、以交流讨论为乐、以进步释疑为获。

读书会从社团建立前的读书小组衍化而来，是社团最主要的活动。读书会分为两个层次：基层组和专题组。基层组读书会围绕社会问题展开，由参与读书会的同学自由讨论，发表观点，交流意见。曾经在读书会上讨论过的话题有住房、医疗、"三农"、教育、大学生就业等。根据当时的国际国内热点还会补充一些专题，如乌克兰局势、叙利亚局势、埃及局势、食品安全问题等。同时，社团还会根据同学们感兴趣的话题进行讨论，如男女平等、爱情、家庭、婚姻等。在选择基层组读书会的话题时，力求和现实相关，同时同学们已经有所关注和思考。

每次读书会之前，社团骨干都会准备一些材料供大家阅读，也欢迎参加的同学补充新的材料。在进行读书会的时候，根据材料展开讨论，每次读书会都会有 1 ～ 2 名同学负责主持。

专题组读书会是在基层组读书会的基础上进行的。基层组读书会是大家交流讨论社会现实的平台，主要目的是增加大家对社会现实的了解。而专题组读书会更多的是在交流讨论中掌握看透社会现实、看清社会本质的方法。Q 学社的专题组读书会最主要的学习内容是政治经济学。作为思想类社团，学社的共识是坚持"辩证唯物主义"，物质决定意识。而社会生活的物质基础就是经济活动，社会现实的本质要到经济活动中去寻找。因此，学社选择了政治经济学作为专题读书的主要内容。当然，要分析经济活动，还需要一些工具，这些工具就包括一些马列经典原著以及相关方法论。

Q 学社的学习方式可以归纳为"基础＋专题"。作为 Q 学社活动的核心，读书会分为"专题讨论""国史学习""改革开放史""原著学习"等学习专题。学习形式为小组讨论，每小组 10 人左右，一般每周进行一次。刚加入 Q 学社的新成员要进入基础组，学习和国计民生相关的专题，学习基本的分析问题的方式方法，培育初步的工农立场，消除政治冷淡倾向，意识到"世界是我们的，做事要大家来"。基础学习之后，可以逐步进入国史或工人专题，进行有系统性的学习探讨。学习是所有 Q 学社的成员需要一直坚持的，有开始，无结束，永无止境。学社希望打破成员自身头脑中既定的世界，在学习中重新形成自己的判断。

关于学习的内容，并不是漫无边际的。学习以马克思主义基本原理、中华人民共和国的历史和工农群众的生产生活为中心，希望通过学习来消除影响学生的政治冷淡倾向，意识到政治不是少数人的事情，意识到社会和每个人息息相关。学社希望通过学习，了解真正的社会主义时期的历史，培养对于社会主义的感情，树立辩证唯物主义的历史观和世界观；通过学习，认识到人民群众是历史的创造者，阶级斗争是推动历史前进的根本动力。学社认为，对社会理论与历史的学习需要由浅入深，循序渐进，因此学习需要有持续性、长期性。

第一，基础学习方面。初期的基础学习主要是为了让同学们关注社会现实、了解国计民生，发现经济、政治、思想文化等内在的紧密联系，在宏观上更全面地了解社会。在讨论与学习过程中需要学习的组织者加入一定的理论概括与方法引导，让参加者初步学会用历史唯物主义的方法，站在劳动群众的立场上去分析这些社会现象。在对社会的各类问题有了基本认识后，组织专题小组学习，目的是从历史和理论上增强思想认识，深入了解社会发展规律。

基础学习是面向所有加入社团的新同学的。从原则上说，每位同学在加入社团后的第一个学期都要先参加基础学习，然后再参加专题学习。因此，基础学习小组可以说是社团整体中最基础的细胞，只有这些细胞运转良好，才能形成良好的组织、器官乃至整个富有活力的生命体。

对于学社来说，基础学习还有一个目标，就是挖掘思想、立场较好的同学，帮助他们深入地了解社会现实，学会用唯物史观去分析世界历史，认识到阶级斗争在历史进程中所起的作用；破除英雄史观，巩固人民立场，继而坚持工农立场，坚定地站在无产阶级和最广大的劳动群众的角度上来看待问题。

基础学习的学习计划应由浅入深、从现实到理论、从学生比较关心的身边问题逐步引到工农问题，见表 4-1。

表 4-1　Q 学社某学期基础学习组的学习计划

序号	学习内容	说明
1	见面讨论	第一次活动可以不设定具体的学习内容，主要目的是大家交流认识，并具体介绍社团的整体情况。可以利用 PPT 和视频等活泼的形式
2	医疗问题	对比中华人民共和国在改革开放前后的医疗制度的不同特点。 关键点：医疗事业到底依靠谁？为谁服务？
3	金融危机房价问题	结合时事热点而开，非固定篇目。需要组长有一定的政治经济学基础。 关键点：抛开一些纷繁的次要的因素，看到资本追逐利润的本性
4	民族问题民主问题	结合时事政论热点而开，非固定篇目。 关键点：透过民族矛盾和形式民主看到背后的阶级本质
5	苏联问题	依照学生兴趣而开，非固定篇目。 关键点：苏联解体的根本原因、苏共蜕化的历史轨迹、资本主义复辟的历史唯物主义分析，当然还有对比我国
6	"三农"问题	对比中华人民共和国在改革开放前后的农业制度的不同特点。 关键点：小农经济在市场经济中的地位和历史命运，消灭城乡差别的历史启迪
7	新工人问题	根据形势从以前的一次增到两次。分析中国新一代工人成长的历史轨迹，看到农民无产化的过程，看到资本复兴，分析当下中国工人阶级的状况，分析劳资矛盾，探讨解决途径。 关键点：唯物史观和阶级分析（斗争）观点、立场培养

续表

序号	学习内容	说明
8	国企改制	一般分两次学完。分析中国的国有经济在改革开放年代的变化，认识改革开放前的公有经济状况，分析国企改制中的矛盾冲突。 关键点：唯物史观和阶级分析（斗争）观点、国企工人的"爱与恨"
9	原著学习	学习马列的一些基本著作，诸如《共产党宣言》和《英国工人阶级状况》序言等。 关键点：强化唯物史观认识和阶级分析（斗争）观点，理论总结，对前面的学习做一个综述

以上列举的学习内容包括顺序的设置，并不都是固定的，需要根据具体情况进行灵活的调整。与此同时，考虑到大部分同学每学期都会有期中考试，因此每学期期中阶段的学习经常会暂停 1 ~ 2 次，以保证大家的学习时间和学习质量。从大致的学习顺序可以看出基础学习所遵循的一个原则，就是先从直观感性的层面去接触了解一些社会基本现实，逐步推进到认识现象后面的本质。学社的骨干成员们认为，人的认识总是有个先后顺序的，从感性到理性，从现象到本质，从认识到实践，逐级深入。

在这一部分的学习过程中，一般以 10 ~ 15 人组成一个小组，每个组配备 2 ~ 3 个组长，在学期初制订好整个学期的初步学习计划，中途不能随意地更改整个学习计划。在学习过程中，尤其是讨论的时候，应当充分民主、自由，让发言人尽可能阐明自己的观点，并由小组长在每次学习结束的时候对本次读书会进行总结和分析。

第二，专题学习小组。专题小组学习目的是帮助同学从历史和理论上增强思想认识，深入了解社会发展规律。

专题学习小组通常分层次开展。第一层次是学习原著。社团骨干成员认为，进步青年仅满足于谴责社会阴暗面是远远不够的，还需要运用系统的理论知识分析这些不合理现象的社会根源，因此必须学习基本原著，了解社会运行的基本规律，应用其解释社会一般现象。例如，有关医疗、教育、住房等问题，承认私有制前提来就每个问题研究解决办法，无法得到根本改善工农群众生存状况的答案，这些问题只能放在市场经济的大背景下才能明白其根源。只有学习了理论知识，才能使自己区别于改良主义者。学社专题学习小组学习的基本的原著包括以下篇目：《共产党宣言》《社会主义从空想到科学的发展》《马克思主义的三个来源和三个组成部分》《哥达纲领批判》《国家与革命》《帝国主义是资本主义的最高阶段》《马克思主义和修正主义》《反杜林论》《家庭、私有制和国家的起源》等。相比其他层次的专题学习，原著学习必须细致、详尽，对于大部分组员都不懂的问题，尤其是涉及原著主要思路的理论观点，要尽可能地详尽讨论并力争现场解决。

第二层次是基本历史学习。社团骨干成员认为，在学习中只有同基本历史相结合，才能逐步学会应用原著基本理论解决现实问题的方法。基本历史包括以下几方面：其一，中华人民共和国成立前 30 年国史。以伟人传记、党史等为基本教材，辅以网络文章和文献，重点对一些历史事件进行研究。学社骨干成员认为，在这部分的学习中，主要有几个目的：一是明确主要历史事实，澄清错误观点；二是应用唯物史观，分析历次事件中的主要矛盾，将这些矛盾联系起来明确中华人民共和国成立后社会矛盾发展演化的历史和趋势；三是扩展阅读面，梳理纷繁复杂的历史事实，研究阶级矛盾发展过程，探索找出群众组织兴起和衰落、群众思想意识变化、社会关系改进等历史动力和原因。其二，改革开放以来的国史。选择纪念改革开放 40 周年、中华人民共和国成立 70 周年等相关书籍，结合网上材料，分不同领域分析社会主义市场经济建设发展的历史过程。这部分的国史学习重点在 20 世纪 80 年代，当前大多数重大社会变化都可以在 80 年代找到根源。以群众组织和运动、意识形态领域斗争、社会主义市场经济制度、分配制度等内容为重点，分析从计划经济到市场经济过渡的基本条件、推动力量和实际结果。其三，资本主义发展史。重点学习第二次世界大战以来国家垄断资本主义发展的历史，研究凯恩斯主义主要政策内容，研究美国、欧洲、拉美、东南亚的基本经济发展史，分析滞涨的成因和社会后果。社团骨干成员认为，了解了资本主义基本历史，就可以知其未来命运，对帝国主义所处阶段有清醒的认识。其四，共产主义运动历史。重点研究十月革命的历史经验，通过学习联共党史和列宁的基本著作，提炼无产阶级革命运动的共性规律，明确共产党反"左"倾、反右倾两条战线作战的基本经验和方法，总结新民主主义革命和无产阶级革命的历史条件，针对当前世界特点，明确这些历史经验的现实适用性。

第三层次是研究性较强的专题组。主要有三方面目的，一是明确当前国内外形势；二是批判错误的理论观点；三是深入学习马克思主义理论。这一层次的小组学习内容广泛，专题也会随未来形势发展而不断丰富，至少包括以下几方面：其一，国际资本主义研究组。以东南亚金融危机、拉美金融危机、次贷危机、欧洲债务危机等为线索，了解资本主义基本矛盾表现出来的新特征，分析当代资本主义危机的主要形式和基本环节，分析帝国主义的特征和所处阶段，判断未来国家垄断资本主义的命运。其二，工人问题研究小组。紧密结合实践调研，选择典型的新工人、国企工人产业园区或工厂，跟踪研究退休工人、下岗工人、国企二代、民工二代等不同群体工人生存现状，了解其主要诉求和团结状况，提炼当前迫切需要解决的问题，明确知识分子应发挥作用的地方。其三，中国经济研究组。明确中国基本矛盾现状，研究加入 WTO 以后产业形势变化，分析中国金融市场和金融风险状况，分析 2008 年以来政府出台的主要政策，结合中小企业破产、高利贷资金断裂、地方债务暴增、通货膨胀居高不下等可能风险，研究未来中国经济演化为滞涨的可能性及其过程、特点。其四，哲学组。研读马克思主义哲学主要著作，掌握对立统一的主要概念范畴和基本分析方法，增进基本哲学理论知识。其五，《资本论》组。通读《资本论》1～3 卷，掌握资本主义的基本概念范畴、一般运行规律和资本主义特殊现象，研究资本主义发展的基本条件，明确资本主义的矛盾运行规律，思考未来社会需要解决的问题。其六，"三农"问题研究组。分析前 30 年农村集体化的历史，研究不同阶段合作化发展的历史动力，研究农民主要的要求和改革后集体经济组织解体的必然性，梳理农村私营经济成长的历史过程和农村无产者产生发展的历史过程，结合近年来农村机械化发展和土地流转状况，描绘大生产取代小生产的历史图景。

专题学习小组的主要目的是扩大马克思主义者的理论视野和强化阶级立场。社团骨干成员认为，专题学习小组不是为学习而学习，不是单纯地学习知识，而是服务于未来形势需要，服务于马克思主义者改造自身和改造世界的需要。因此，专题学习小组应针对当前大家存在的普遍困惑和有待解决的问题而设立。一些不是非常迫切的专题不必每学期都持续开展，而对同学们普遍存在的问题，相应小组则应持续开展。他们认为，原著学习是当前比较薄弱的，国史是初学者普遍比较欠缺的，工人相关问题是最容易被误解的，因此，针对原著、国史和工人相关问题的专题学习小组应该每学期都开展。其他小组可以针对大家存在的普遍困惑或普遍学习需求，有阶段性地开展。

同时，社团骨干成员认为，在专题小组中，培养人仍是第一位的任务。参加专题小组学习的人，多数仍然是会发生分化的。如果专题小组不能巩固他们的认识，那么从基础小组辛辛苦苦培养上来的人，很快就会在专题小组中流失。同基础小组一样，专题小组组长要经常跟组员谈心，了解组员学习状况、主要困难，了解其学业压力和其他社会工作状况，教会其协调理论学习、业务学习和其他社会工作的关系，以及正确投入精力和时间的学习、工作方法，促使其成长为又红又专的人才。专题小组组长要不断从组员那里，得到对每次学习内容和效果的反馈，及时调整学习内容和材料，保障参加学习的大部分组员都能学有所获。对于担任主要干部的同学，需要长期持续性地深入学习，每人每学期至少参加 1 ～ 2 个专题小组，有目的性弥补自身理论不足。

专题小组对学习材料和专题内容安排要求相对较高。专题小组内容设置要按照由基本理论、基本历史到解释现实的次序，由浅入深开展。需要将一个学期的主题逐次分层次学习，每次必须有鲜明的主题，明确针对哪几个需要解决的问题，准备好学习材料和参考材料。学习材料要求每个组员必读，参考材料有余力的组员可以选读。同时还要考虑学习材料的内容多少，重要的材料有选择性地分次学习。每次学习需要指定 1 ～ 2 名组员做主讲，由组长补充，充分调动每名组员的能动性，每个成员每学期至少承担 1 ～ 2 次学习的主讲任务，避免小组成为组长和主要带组人的"一言堂"。以普及性的工人问题研究组为例，某学期学习计划安排见表 4-2。

表 4-2　普及性工人问题研究小组学习计划

序号	学习主题	主要目的	学习材料	参考材料
1	国家理论	掌握阶级分析方法和无产阶级专政理论，总结历史上各政治集团的特征	《国家与革命》	《试论第二次世界大战后法国文官制度的发展》
2	韩国工人1	了解韩国工人阶级形成过程，分析韩国工人的组织状况和意识形态	《韩国工人》4～6章	《韩国工人》1～3章
3	韩国工人2	对比韩国、英国新工人的成长过程，分析韩国工人运动存在的问题	《英国工人阶级状况》德文第二版序言	《韩国工人》7～8章；马克思《1848年至1850年的法兰西阶级斗争》一书导言
4	中国新工人	了解中国新工人的历史和现状，分析新工人诉求，对比韩国工人，研究新工人所处历史阶段和未来前景	金融风暴以来珠三角工人处境及劳资矛盾走向	改革年代的地产资本运作与劳工抗争；未完成的无产阶级化
5	国企工人现状	通过典型案例，了解国企工人的历史和现状，分析改制对国企工人的冲击，研究工人斗争方法	辽阳铁合金厂的改制过程和工人的反腐维权斗争	制度是如何封闭的？——以国有企业下岗职工社会保障制度的实际运行为例
6	国企工人意识	通过典型案例，了解集体女工抗争过程，应用马克思主义国家理论，分析集体女工斗争的经验和教训	工人之路	工人能不能当家作主
7	安源工人历史	了解20世纪20年代党到安源煤矿工作的历史，分析主要工作途径、方法，总结路矿工人俱乐部经验教训	《安源实录》1～11节	安源路矿工人俱乐部略史
8	安源工人现状	分析安源工人斗争现状、要求和主要手段，研究老工人斗争的优势和劣势	《安源实录》后半部分	城市传统工人的地位和作用
9	西欧工人状况	分析第二次世界大战以来西欧工人阶级的新特点，思考发达国家阶级斗争形势	西欧工人阶级状况	冷战后发达国家工人阶级及阶级斗争现状分析

专题小组学习内容较多，小组长和带组人自身素质要过硬，这是一个组办好的基础。一般来讲，一个专题小组设置一名组长和两名副组长，这几名负责带组的人需要具备三方面素质：理论、组织和管理。首先，对于学习的内容组长要先学明白，组长和副组长必须在上一个假期提前把需要阅读的大部分书目都读完，这样在学期初才能合理调整学习计划，带领其他同学共同学习。社团规定切忌带组人自己本身并没有读过学习内容，到学习讨论现场再与大家一起学习，这样的学习效果并不如意。其次，带组人要有组织能力，可以很好地把小组成员调动起来，把每次活动组织好，并根据组员的接受程度及时调整材料难度，在充分调动大家积极性基础上，组织组员参加报告会、实践、宣传等活动，增强小组内部凝聚力。最后，带组人要重视小组管理，要求每个人对资料、学习内容足够重视，一开始就明确小组纪律，不能松松垮垮，蒙混过关，得过且过地度过一学期。最重要的一点，专题小组组长必须有明确的培养同学的意识，不能自我陶醉，自顾自读得高兴，却忽视了组员的培养。学习的过程，同时也是不断培养人的过程，必须培养出才能出众的人轮换作为带组人组织小组学习，这样社团才能健康发展。

专题学习强调从原著开始，采取个人提前阅读材料和集体讨论相结合的方式。通过集体研究，明确原著、重要书籍的基本思想框架和主要观点，分析一些典型研究者的视角和立场，辨别专家们的理论真伪，在批判继承的基础上形成自己的理论框架。

读书会的专题小组也十分注意参加人员的结构。不同年级的同学有不同特点，需要区别对待。大学一年级同学原则上不进研究性较强的专题组，在经过基础学习后可以进入原著、中华人民共和国成立前30年国史学习组或一些感性材料较多的专题组。大学二年级同学相对余力较多，可以作为专题组的主力，要强调质量、任务、纪律。大学三年级同学可以适当参加，由于其课程较忙，不做很高要求。大学四年级同学、研究生是带专题组的主力，要成为学习的组织者，这就要求其除了有扎实的理论功底之外，还要拿出更多的时间对各个专题进行深入的探讨。至于具体专题小组的成员组织，可以根据当时当地的情况进行调整。总之，需要注意组员的条件，没有经过基础原著学习、不了解基本社会现状的人很难跟上研究性较强的小组学习，社团仍然不建议其参加专题小组的学习。某位社团负责人曾举了这样一个例子：

> 以前曾有很积极的同学，对哲学问题很感兴趣，但尚未经过原著学习阶段，自己以前也没有读过一些原著篇目。哲学组组长觉得这名同学积极性非常高，就将其吸收进来，结果完全听不懂，加之没有及时谈心和调组，一学期以后这名同学连其他活动都不参加了。

二、社会实践

实践也是 Q 学社最重要的特色之一。他们到农村去，到工厂去，到工地去，Q 学社强调真正地深入基层。以社会为"大工厂"和资源宝库，通过实践进行社会锻炼，以此触动成员的思想火花，以达到鼓励学社成员了解社会、发现问题、检验理论的目的。Q 学社的社会实践活动充分结合了学校的暑期实践课程，利用暑期、"五一"和"十一"长假进行实践。在实践中，社团成员们一起，激情洋溢，求知探索。其中，社会实践的重点是假期实践尤其是暑期实践，主要由实践部负责筹划和组织。

社会实践贯穿于 Q 学社成员的成长过程。通过实践，大多数成员都会有一定程度上的认识的飞跃。毛泽东说："人的正确思想是从哪里来的？是从天上掉下来的吗？不是。是自己头脑里固有的吗？不是。人的正确思想，只能从社会实践中来。"社团骨干成员们认为，只有通过实践，才能了解工农群众的生活，加深和工农群众的感情。工农群众是历史的创造者，却往往是最容易被社会忽视的人群。因此，Q 学社的观点是，要正确认识现实，首先要正确认识现实的最伟大的创造者——最普通的工农群众。只有保持和工农的接触，融入工农的生活当中，才能建立深厚的工农感情，坚定自己的立场。Q 学社希望能通过社会实践，促使成员形成正确的认识和判断，改造自己的世界观。他们说：

当工人阶级大无畏的创造历史的画面与现今工人兄弟的弱势群体地位在脑海里不断交替重现时，实践就帮助我们实现了认识的飞跃。

社团骨干成员认为，社会实践工作的根本目的是培养人。围绕着这一核心目标，他们将社会实践划分为三个层次：第一个层次，培养朴素的感情；第二个层次，深入认识；第三个层次，研究问题。

在社团成立的早期，社会实践主要分为日常实践和寒暑假集中实践。其中，日常实践主要是工地实践，由于实践活动设置在学期中间，同学课业繁重，后来参与的人员越来越少，最后也就取消了这方面的内容。在已经开展过的日常实践中，主要以校园工友实践和工地工作为中心内容。寒暑期集中实践则会选择到国企生活区或者新工业区中去进行。

第一，工地实践。Q 学社自 2012 年 8 月开始，每周都开展工地实践活动，当时主要是与关爱工农社会实践大学生志愿服务队合作，在清华大学荷清路工地进行实践，一直持续到 10 月中旬，主要的内容涉及放电影、宿舍探访、募捐军训服等活动。

通过实践，社团成员们可以较为深入地了解了工地的基本状况、各项问题，包括工友的基本信息、家庭、收入、生活、打工史等。通过实践和理论学习，能够较为全面地了解工地的用工制度、各类关系。

学习和实践是培养会员的重要途径。社团骨干成员认为，大学多半位于高教园区或城市中，身处象牙塔中的大学生除了假期实践，平时不容易接触到产业工人。但是，我国大规模的城市化、遍布各地的工地，又给了学生在平时接触建筑工人的机会。建筑工人相比于城市中更为多见的服务业工人而言，工作强度大，劳动环境恶劣，具有更强的团结性，在层层分包的体制下也面对更为严重的矛盾。因此，每周 1～2 次的工地实践给了社团成员们深入长期实践的好机会，有助于改造和锻炼会员以及开展调查研究。

社团每开展一项活动，一般都会先由骨干成员进行尝试，了解工作的大致内容，思考工作对社团成员可能的作用，摸索出相对成熟的工作方式，然后再面向全体成员开展。Q 学社开展工地实践时，与工地方联系接洽，初步开展活动并与工人建立信任关系等工作内容都是由骨干成员提前完成的。

与工地接洽时，他们一般会找工地的党委书记，说明自己的身份、想开展的活动、对工地能带来怎样的帮助。在交谈的过程中，也可以大致知道工地的情况，包括承包关系、劳资关系等，还可以大致了解党委书记的性格，以便此后开展工作。在联系工地时，一般会考虑离学校距离合适的多个工地，最后再根据各方面情况进行选择，比如上文提及的清华大学荷清路工地等。

联系成功后，社团骨干就可以尝试开展初步的工地宿舍探访了。首先，建立与工人的信任关系，走进每间宿舍宣传自己，跟工人交流，相互熟悉，了解他们对社团工作的看法和建议。其次，在活动中锻炼骨干成员的工作能力。最后，尽可能全面了解工地的情况，为决定之后开展什么工作和如何开展做准备。

活动内容上，在每周有限的工作时间内，从工友师傅的需求出发，一般会安排三个层面的活动。一是文娱活动。这项活动主要是为了丰富工友的业余生活，包括每周一次的放电影、每周两次的图书屋和重要节假日的文娱联欢。二是在文娱活动的基础上，开展讲新闻、读报纸、法律培训等活动。让工友们了解新近出台的、与工人及农民工群体相关的政策法规，了解全国各地建筑工人的情况和工地的新闻，了解其他产业工人的生存现状和相关事件，增强其法律意识，了解农村的新动向。三是宿舍访谈。这一项内容是所有活动的基础，因此至关重要。成员们通过与工友聊工作、聊家常、聊社会，互相学习和促进。

在进行放电影、建书屋的过程中，社团会首先对电影或书籍的内容进行选择，并注重过程中与工友的交流以发现积极工友。联欢能很快地使大部分工友与社员互相熟悉起来，所以在开展工地工作初始以及工友大规模调换时，社团会通过联欢来促进交流。宿舍探访在熟悉和闲谈之外，也会根据工人自身的特点来针对某些专题进行访谈。

当这一项目步入正轨后，工地的实践活动工作每周都会开展一次。在人员配置上，采取的是"固定人员＋灵活人员"的模式，即由几名同学组成工地小组，负责工地工作，相对固定地参加工地活动，掌握工地工作的情况和后续发展方向。在此基础上，每次活动都在全社团范围内进行通知，欢迎同学前去参加。

在前往工地前，社团会组织成员一起吃饭和学习，并且在活动结束后都会共同总结当天的情况、开展批评与自我批评。这两个环节可以使参加工地活动的同学能够交流各自的情况，阐述自己的感受并提出意见与建议。同时还可以讨论工作思路，更有收获。实践结束回去之后，社团会要求同学记录当天情况和心得，并由一位同学汇总后通过邮件发给社团成员，让大家都了解工地工作的进度，工地总结要及时，重点突出。一位同学在参观完工地后的总结中写出了如下的感受：

2013 年 3 月 30 日是我第一次走访农民工的日子，感触颇深，今天看到了农民工的真实生活，在和他们交谈的过程中，他们体现出了气愤、无奈与感动。

气愤的是，他们有的生活条件太差了，没有开水，充电不方便，还一年才发一次工资，一年中也没有假期。无奈的是，他们只是农民工，无法改变现状，还存在信任危机，老板不是很信任这些农民工。感动的是，还有大学生们很关心他们的生活，他们感到自己被重视了，还为他们提供看电影、看书写书的机会，很是感动。

有个三四岁的小男孩，当他看到我们的时候，表现出的是非常陌生的表情。在农民工中有很多会表演的，能当主持的，能唱歌的，会跳舞的，还有一些人一听说我们为他们放电影，很是怀疑，认为我们肯定要收费的，他们说，怎么会有这么好的事，但最终还是相信了我们，他们向我们反映了他们的各种困难，还希望我们每周都去。也许他们会认为我们可以帮得了他们，但我们能做到的，只有为他们反映他们所处的环境，丰富他们的生活，给他们送去关怀，仅此而已，能够从根本上解决农民工问题的又会是谁呢？

希望社会各界的朋友们，多多关注农民工，多多为他们送去温暖。

另一位同学在同样的活动中也发表了感慨：

　　今天是我第一次去工地，第一次见到，原来有些人，甚至是很多人在过的生活是这样的。我在想，他们快乐吗？他们为什么会出现在那里，是什么让他们出现在了那里？表面上是没有钱，那深层次的原因呢？怎样让他们像我们一样获得幸福快乐的生活，而且没有那么辛苦？

　　在工地里，我看到了一个在打台球的人。他年龄不大，感觉上应该与我们相仿。但是，我们的身份与命运却大不相同，我们相对地站着，望着对方，让我有一种强烈的不对称的感觉。

　　他长得有点儿像我们班的一个同学，个子也很像，但是明显，他俩或许不能够比较。他俩最初的差别在哪里？或许是出生的地方不同，如果他俩的父母换一下，他俩的命运或许会发生变化。那我们这些看上去文质彬彬的大学生，是不是只是因为出生的环境好了一些？受到的教育好了一些？这种比较，让我想起了曾经听清华大学的朱安东老师讲的一句话：其实，他们就是我们，我们就是他们。就像我在看中国人曾经在历史上遭受的不幸一样，听着、看着他们的不幸，我感觉，他们就是我们，我们就是他们，只不过他们比我们早生了几十年，命运就截然不同。我没有心情去感叹自己生命的美妙，我只剩下深深的同情。

　　这次的工地之行，让我看到了很多我过去没有看到的东西。有震惊，也有惊喜。那些让我们自豪的和自卑的东西同时存在。走出工地，走着走着，又看到了通明的灯火……仿佛来到了另一个世界，事实是，两个世界，离得好像很近，但实际上很远很远。

还有一位同学这样描述自己的实践心得：

这是我第一次外出实践，第一次到城市繁华的背后，是他们的辛勤劳动才换来了城市的高楼大厦。

很开心能和这么多有着相同志向的朋友一起走进了建筑工人们的居住地。虽然只有短短的几小时，可是给我的感触很深。他们才应该是城市的主人，可他们并没有享受这个城市的权利。他们每天工作十多个小时，在二十几层的高楼上，冬天没有热水，几乎没有空闲的时间。我们去的目的是为他们放映电影，发传单的时候，很多建筑工人很开心、很热情地欢迎我们，我们很感动，很多人在夜晚比较寒冷的风中坚持看完了电影。

放电影的过程中，我们小组进入了他们宿舍和他们聊天。我问了那个叔叔很多问题，他似乎并不抱怨，觉得这样能靠自己的力量养活家庭，虽然累点儿，可还是值得的，毕竟比在家里赚得多，他们晚上也会打牌来娱乐，缓解一天的疲劳，他们没有假期，没有时间和金钱去接触更多的人，这份工作一旦年龄太大，就没有了力气，所以叔叔说趁着还能干，多干几年。我不知道该用一种怎样的心情来形容这次工地实践的感受，我只是觉得，他们应该是城市的主人。令我们欣慰的是，他们的工作条件比以前有所好转，而且他们也对新一届国家领导人抱有很大期望。这学期如果有时间，每周六都会过去给他们放映电影，带最新的报纸，让他们了解国家一直在关注着他们。

朴实而充满感情的话语，充分表达了他们对于工人的关切之心与关爱之情，也可以看出，在这样简单的实践活动中，他们体会到了很多，学到了很多。可惜，2013 年秋季学期以来，由于学生本身的课业压力和学习负担，工地活动作为日常实践的主要内容，参与率逐渐下降，最终在 2014 年春季学期取消了，仅有个别同学自行参与关爱工农社会实践活动，社团并不对此活动进行组织和管理。

第二，假期实践。校内工友实践和工地实践是 Q 学社的日常实践，给社团成员提供了很好的与工友交流的平台，很多同学在参与的过程中培养了工农感情、坚定了工农立场。但这两个实践面向的都是新工人，即在改革开放年代中出现的没有社会主义体验的工人，而非改革开放前的社会建设主力军的老工人。社团骨干成员认为，老工人具有在公有制经济单位中体验一定阶段工人角色的经历，能够把个人与单位集体看作一个共生的统一体，观念上把自己所属单位的生产资料看作集体创造、公共所有而非官僚或经理私有。通过与老工人的接触，可以使同学们更容易接受工人的先进性教育，也更容易理解什么是社会主义。因此，在假期实践中，社团的实践活动主要面向深入了解老工人。

在经过基础小组的学习以及一两次新工人实践后，社团会组织带领他们参与国企老工人相关实践，接受国企老工人对他们的社会主义教育。这样的实践一般需要在"五一""十一"及寒暑假这样较长的假期中进行，往往可以抽出4～5天时间外出做一个更为集中和深入的调研。而且，这样的实践是培养会员的重要环节，一定要认真准备、注重精干，后期前往不同实践点的支队回来之后也要面向会内积极会员召开实践报告会。

假期实践是各项社团工作中最复杂的工作之一，在实践前社团会做好细致的准备。这主要有四个方面：明确实践目的、准备实践材料、组织实践支队、与当地建立联系。首先会由社团负责人组织策划整个实践，明确实践的目的。实践目的一般分为三个层次：探路摸底、培养同学和深入研究。探路摸底和深入研究这两个层次的主要参与者是少量的社团骨干成员。在明白实践的主要目的之后，就需要明确调研的重点，进一步确定实践的调研任务，弄清重点是国史还是现状，调研对象是谁。通常，学社会结合一个学期学习的情况、形势的发展以及同学们的需要，在前人成果的基础上进行整理并思考本次的调研任务。明确实践目的之后，就需要做实践材料的准备了，包括当地的历史及现状、实践提纲等，也可以是专题小组的学习材料，比如国企方面、工人方面的，社团之前的实践材料也是很重要的一部分。社团的实践需要不断积累，不能每次都重新开始。实践之前，也需要对已有的实践材料进行整理，保持连续性，避免重复性。对已经积累的实践材料，充分利用。Q学社的实践不是为了实践而实践，他们希望通过每一次的实践层层深入，对社会现实达到更深层次的了解。例如，要调查某个厂的情况，可以先将之前几次去调查的这个厂的材料整合起来，明确哪些已经了解了，哪些还缺少，也可以挑选一些该地区其他的厂作为对比。接着，项目负责人就会拟定相关实践的提纲，一般会参考网络上的很多现成的提纲，这些提纲本身会涵盖工厂和农村的基本情况、国史等内容，接着，根据实践地的具体情况以及本次去的重点来选取提纲，并进行修改，使它符合实践的具体要求。接下来，社团会组织准备学习。这是对以前实践材料的学习，以及对以前资料的总结。同时，对实践提纲进行学习，了解实践的主要目的、过程等内容，确保在实践时不必在现场拿着稿子来提问。此外，社团还会根据实践内容，选择一些相关的理论性文章进行研读和学习。在与实践地进行联系的时候，一般会尽可能地把具体行程确定下来，并且会要求老工人不对外宣传社团的实践内容。在去实践之前，负责人会提前将有关实践内容在电话里告知对方，方便他们安排，没有联系人的实践地点也应该通过已有信息大致安排下实践流程，并做好协调分工。

在实践队伍的组织上，一般会控制在 5 ~ 6 人，且至少包括 2 名有经验的老会员。由老会员负责带队，老会员和其他会员的比例为 1：2 或 1：3 左右。实践队会先在社团层面，组织面向全社团的实践报名。广发通知之后再补充以对某些同学进行定向推荐。在实践队伍招募完成之后，队长在实践之前也需要清楚每个同学的基本情况。除非对该成员特别熟悉，否则实践带队同学需要找每个队员进行谈心，了解其基本思想状况。除了个别的谈心，实践小队也会召集全体队员开会，一起讨论实践的目的、流程等具体内容，让参与实践的同学对整个实践活动有所了解，并共同准备。

三、社团讲坛

社团讲坛即讲座活动，是 Q 学社宣传自己并吸引有相同爱好同学的一个重要场合。每学期 Q 学社都会举办四次左右的讲座，主要围绕经济状况、社会思潮、青年责任等主题。讲座老师几乎都是社团骨干成员在参加其他学校的讲座活动时认识的，在听取老师的讲座之后，通过提问题等方式与该老师建立联系，最后才会邀请该老师来 K 大学举办讲座。由于经费有限，Q 学社对来举办讲座的老师并无酬劳，而老师们也都是以志愿者的心态前来宣讲的。正是老师们无私的支持，才使得 Q 学社的讲座能顺利进行，越办越好。

可以说，Q 学社拥有广阔的教授讲座资源，同时面向全校进行开放，以此吸引更多人参与 Q 学社。讲座通常结合 Q 学社的宗旨，融大学生之需要，并据此制定相关的讲座主题，邀请相关方面比较权威的教授前来进行讲座，讲座时间大约为每月一次。讲座中，大家提出各种问题，与老师进行进一步的交流探讨，一些普遍性的问题也会拿到读书会上共同讨论。

除了丰富社团成员的认知，社团讲坛也是 Q 学社宣传工作中一大重点工作。讲座有较广的宣传力度，能够一次影响几百人，特别是对于大学一年级的新生影响范围较广。一些同学在聆听讲座之后，受到了很大的震撼，激发了他们认识社会的热情。讲座的内容有很多方面，可以是纪念性的，比如各种纪念日，也可以是热点问题的评论，比如利比亚局势。但是讲座的中心是要服从向学生宣传马克思主义这一目的，因此讲座的主讲人和讲座主题都会在事先进行筛选和讨论。

Q 学社办讲座一般会考虑两大方面，一个是思路，另一个是技术。讲座主题、主讲人的选择，通过讲座所要达到的目的等，都属于思路方面的问题；办讲座的时机选择，讲座前后的准备和收尾工作，属于技术方面。两者在一定条件下可能会有所交叉，相辅相成。

在思路方面，Q 学社通过讲座所希望达到的目的，主要是面对校内的同学方面的宣传舆论工作，最低层次是要满足同学们了解当前社会热点及一些重要理论、历史问题的需求，并能够起到一定的正确舆论导向作用；一般社团在开学之初会对一个学期或者学年的讲座做出提前规划，有意识地进行一些引导，系统地向普通同学灌输相关的知识；这个过程，也是扩大社团在同学中的影响力、吸引普通同学关注和参与社团活动的机会。

为了实现上述目的，就要求社团里负责讲座的同学们能够对社会思潮比较了解，对各种问题的把握比较清楚，同时掌握普通同学的想法和关注点，从而也就知道什么时候、请什么老师、来讲解什么方面的问题是最合适的。同时社团骨干成员认为，在准备这些讲座的时候需要注意，可以对同学进行一定的引导，所做的讲座不一定只是热点问题，但是这种理论或其他方面问题的引导，也不能脱离普通同学的思想状况和兴趣，否则可能招致冷场的"打击"。

在讲座主题上一般会选择紧跟热点问题。因为热点问题容易吸引同学们的眼球，如果不能及时地根据热点问题举办讲座，就可能会有别的社团针对这些热点问题举办相关讲座，也就在一定程度上影响了 Q 学社在同学中的影响力和认知度。因此，这就要求讲座的主题在提前规划的基础上能够及时调整，使得社团具备在短时间内完成确定主题、联系老师、借教室、做海报等工作的能力。

在讲座的主讲人方面，社团会倾向于请较为年轻的、在某个方面研究比较深入的学者。Q 学社长期以来和不少学者保持接触，这就维系了较好的主讲人资源。在需要的时候，就可以从这些学者中找寻对社团拟定的主题较为熟悉的人。同时，与社团颇有联系的一些社会组织也会对社团的讲座活动提供一些资源。

在技术方面，通过举办讲座，首先可以锻炼社团成员的组织能力、提升业务水平。例如，掌握办一场讲座的大致流程，通过同学、老师、社团的社会关系等渠道联系相关老师和学者，挑选合适的时机安排讲座，前期进行充分的宣传，设计能吸引同学关注的海报，提前三四天到一周在校园教学楼、食堂等人流量多的地方张贴海报，通过学校信息平台等方式进行宣传等；讲座前一般会考虑播放一些与主题相关的视频、图片，有些也会给每位同学提供一份跟讲座主题相关的小册子，册子内容包括了讲座的信息、背景资料、主讲人身份、相关文献、本社团活动介绍等，这样既不浪费同学的等待时间，又能充分利用时机向他们做宣传；然后就会考虑一些拓展性的、能加深讲座后续影响的工作，如讲座视频录制、录音资料整理、照片拍摄、新闻稿宣传等。此外，一些规模较大、内容跨度较广的讲座的举办也会联合学校其他社团组织一起来做，加强与本社团以外同学的交流，拓展本社团的群众基础，相应减轻一些工作压力——但这个过程中要注意处理好分工与合作的问题，避免不必要的不愉快。

通过讲座，还可以加强社团成员自身对相关问题的了解和认识。经过讲座和相关的学习讨论后，社团成员自己也能向大家宣讲相关主题，进而带领社团内部或班团小组的学习讨论。如果有一些难度较大的话题，或社团自身在读书学习过程中遇到的困惑，也可以通过讲座或者内部座谈的形式来获取知识信息和思路指导。

四、社团书架

社团书架是 2013 年秋季学期才开始推出的活动。Q 学社认为，学习应当以小组讨论与自觉读书相结合，因此社团书架是学社学习的重要保障与补充。社团书架会为大家准备理论分析、时事评论、世界历史运动、名人传记、马列原著、中共党史、毛泽东选集、政治经济学著作、邓小平文选等书籍，书籍涵盖各种层次、各种领域，也会结合利用图书馆资源以帮助大家更好、更快地进入主动学习的状态。Q 学社会推荐大家自主进行书籍阅读，增加阅读量，打好基础，成员也可以根据自身的需求，在不同的阶段进行不同层次书籍的阅读。

五、观影会

电影是一种艺术，而艺术又是一种现实的反映。通过电影我们可以了解历史和现实。总之，电影也是一扇窗。社团的观影会就是想通过这扇窗看社会变迁。同时这种形式比较轻松，容易让大家接受。观影会是 2014 年春季学期新开辟的活动。

Q 学社第一次观影会观看的影片是《浪潮》，通过这部电影，同学们看到了现代德国青年人的失落以及隐藏其中的社会问题。第二次观影会观看了电影《无法避免的战争》。这部电影赤裸裸地反映了作为资产阶级代言人的印度政府如何压迫贫苦农民，尽管电影中不乏"道德高尚"的统治阶级同情者想要缓和政府与民众之间的矛盾，认为"和解""反恐"是解决社会矛盾的方法，但当同情者的暴力镇压作用发挥完全的时候，统治阶级就完全露出它凶狠的獠牙了。

而同情者的朋友，开始的改良派，当这个"卧底"真正参加到斗争中的时候就找到自己的立场，从一位"卧底"转变为"战士"，是印度残酷的社会现实造就了这样的反对派，是资本主义社会的根本矛盾造成了这种无法调和的阶级对立，从而导致"无法避免的战争"。

六、内部建设

一个组织维模功能的实现，指的是组织应当维持共同价值观的模型，并使得它在系统内保持制度化。对于社团来说，维模功能的实现也就依赖于其内部建设。通过社团主要活动的组织与学习，成员已经对相关的理论知识有了一定的了解，对社会现象有了一定的认知，然而，当这些知识和认知与成员之前的认知有矛盾之时，其价值观就会在一定程度上产生偏差。如果这种偏差不能得以纠正或统一，那么社团也就有了分崩离析的危险。因此，内部建设对于社团维模功能的实现有着重要的意义。

Q 学社将所有的会员作为内部建设培养的对象。也正如前所言，Q 学社的一大任务就是培养立场坚定、有一定理论水平和一定工作能力的青年人。但由于他们自身的经验、能力不足及时间有限，而且青年学生的个体情况各有不同，因此，他们需要选择比较有潜力的人在思想与工作能力上进行更深层次的培养，以求更大的工作成效。也就是说，Q 学社对青年的培养目标是少而精，而不是多而泛。当然，对于刚入会的会员，是不能做到立刻对其做出判断的，一般会经过半年的读书会学习，对新成员进行深入了解之后，才会做出合适的选择。

第一，学社内部组织生活。学社会在课余时间适当组织课余活动，以此来增强成员之间的相互了解，增强社团成员凝聚力。就 Q 学社而言，这一类型的活动主要包括每周五晚4：50在学校食堂四层大圆桌的集体晚餐活动，届时大家会交流一些最近的工作学习情况，向其他同学提出一些自己的看法，表达最近学习中的疑问和自己的独特思考等内容。在清明、中秋等小假期期间，Q 学社还会组织大家进行集训或者外出郊游。同时，在本校有共同体育兴趣的同学可以组织一起打篮球、打羽毛球、跑步、游泳等健身活动。

对于任何一个组织来说，感情建设都是必不可少的内容。在 Q 学社这样一个由青年人组成的思想与实践并行的社团，更需要营造一种活泼可亲的集体氛围，而不要成为一个古板、沉闷的团体，避免给普通同学一种神秘感和距离感。这样，一方面能够更好地吸引同学的参与；另一方面也可增进社团成员之间的了解。对于青年人来说，体育锻炼和文化娱乐是必要的活动，因此，社团可以自己来组织这些活动，既满足大家的需要，同时又能在组织过程中增加更健康、更积极的内容。当然，这些活动也要提倡勤俭节约、健康绿色，在活动中及活动后还可以进行理论和时事交流。

第二，名师交流会。在每两次读书会后，Q 学社都会邀请北京的名师来 Q 学社举办 Q 学社内部小讲坛，在这个时候，Q 学社的成员不但可以领略让人醍醐灌顶的讲座思想，还可以进行较为透彻的深度交流。Q 学社成员都会收到 Q 学社发布的在北京市的兄弟社团学校的讲座信息，学社会组织成员到外校参加一些精品的讲座，成员可以根据自己的需求，有选择性地参加外校的讲座，也可以进行交流。名师交流会为 Q 学社内部活动质量最高的学习活动之一，对大家的进步有很大帮助，其重要性不亚于读书会，整个过程和筹划由社团讲坛部负责。

第三，读书分享会。2014 年春季学期开始，学社开始组织读书分享会，旨在让成员针对自己读过的书进行交流与分享。参与读书分享会的成员可以通过 PPT 展示，讲解自己读书的感受与见解。而读书的内容并不设限，内容比较宽泛。作为学社新增加的活动，读书分享会按计划每个月进行一次，督促成员读书学习，促进成员的广泛阅读，提高讲解能力。读书分享会其实也是社团试图解决读书会矛盾的一种尝试，新生在读书会中很难和其他的读书会成员有接触，而读书分享会就可以成为一个建立联系的平台。此外，交流分享读书心得可以让社团成员相互指正、相互提高，也能借此激发一下大家读书的热情。但读书分享会的具体操作一直没有落实。这有现实因素的限制，一是大家读书的确有限；二是大家自信心不够。现实情况是，几乎每一个参加活动的同学一开始都不太善于表达自己的想法，但很多同学也的确在社团活动中成长了许多。这样的成长为这学期读书分享会能顺利实施提供了条件，第一次分享会效果不错，有同学交流分享了《资本论》《政治经济学原理》等书籍。

第四，谈心交流。谈心也是 Q 学社比较有特色的一项工作。Q 学社强调，用最细致的方式去培养人，既注意共性也考虑到个性。这项工作突出的是一对一的细致入微的思想交流。几个人，在熟悉的场合，如食堂或操场，由老会员对新会员谈心，或者老会员对老会员谈心。话题没有限制，可以是学习生活上遇到的困难，也可以是学习实践中产生的迷惑，更可以是关于国家社会、未来人生的探讨。会员之间是千差万别的，有些人思想认识好但工农感情淡薄，有些人工农感情好但思想认识不清楚。这些差别，在交谈中可以很快发现，并给予针对性的培养。这项工作是心与心的最直接、最真诚的碰撞，无论对于新会员还是较新会员，通过交流都能拉近彼此的距离。在老会员之间，互相沟通则提供了交心与探讨的机会，一群个体才能凝结成战斗的集体。

对于这项工作，Q 学社是这样认为的：首先，对同学而言，他们先是认可这个人，然后才谈得上认可这个人讲的东西。谈心就是要和同学交朋友，真的做到在生活和学习等方面关心同学、帮助同学。当新会员感觉到大家是真正关心帮助他们的时候，他们就会对社团有所认可。当他们认可社团以后，往往会更愿意去思考社团给他们带来的东西。其次，通过谈心可以了解到同学的具体情况，然后有针对性地对其进行培养。更普遍的情况是通过谈心，高年级的同学可以把自己在学习生活中的经验传递给低年级的同学，比如如何处理社团活动和专业学习的关系、如何提高学习效率等。最后，谈心有利于社团老会员对新会员进行深入的思想交流。社团的目的是培养人，培养马列主义者。进入社团的同学大部分没有深厚的马列主义的基础，有的仅仅是关心时政或有一种正义感才加入社团的。这就需要我们把马列主义的基本理论传授给没有基础的同学。这种传授只有正式的公共的学习往往不够，针对性和系统性都有所欠缺。这时，谈心这项工作往往能起到立竿见影的效果。

对于谈心的形式和内容，则可以多种多样。比如上完晚自习，一两个老会员找自己组的两三个新会员，来到操场，一边走一边聊。聊的内容可以很广泛，学习上的困惑、对大学生活的感触、情感方面的疑惑以及各种各样的社会现象等。又如在学习结束后，组长可以跟组员一起回寝室，边走边聊，如果谈得投机的话甚至会聊到深夜。在相互的沟通中，就会发现组员思想中存在的一些问题，也就方便对症下药，如推荐一些比较对口的书籍让同学阅读，或者鼓励他参加社团的实践活动，亲身去了解不同的社会群体对于某个问题的认识。在谈心的方式上，可以尽量选择该同学感兴趣的或者近期的热点话题。对社会问题，老会员要多用马列主义的分析工具去剖析，同时还要照顾到同学的接受程度，尽可能做到循序渐进的引导。

下面是某位学社成员在经历谈心之后所写下的感想：

每次回顾自己思想认识的转变历程，我都会记得学长与我在校园操场谈心的情景。当时聊天的细节，我基本已经忘了，可是我非常清楚，经过那段时间的坦诚交流，我的心头突然变得明亮了，我觉得自己对世界、对人生的认识清晰了。在学校的那两年岁月，相比而言，我认为对我帮助最及时的不是读原著，也不是社会实践，而是与优秀学长之间的情感交流、思想交流。

"80后"的爱国青年，在传统教育和主流媒体的培养下，我们这一代年轻人很容易就有一种说不清的爱国情愫，年少的时候，就梦想着祖国能够统一，并强大起来。上高中的时候，我曾梦想自己将来成为一名航空工业的科学家，为中国的航空工业努力做一份贡献。可是，这种原本正常的爱国情愫，却很容易孕育出狭隘的爱国情感。

上大学以后，听到西安那边发生大规模抵制日货的活动，看到有同学去日本大使馆门前示威，以及接触到许多关于台湾问题的辩论，我开始困惑了。我觉得随意砸坏日本牌子的汽车是不理智的，可是又认为那些年轻人做得好，他们敢于把爱国从思想变成行动；我觉得解决台湾问题不能以牺牲许多台湾老百姓的生命、财产为代价，可是又不知道台湾问题的根本在哪里，如何才能解决台湾问题。这样的困惑和迷茫，使我不知道努力学习专业知识的目的是什么，也不知道自己毕业以后要去哪里。期间虽然我也参加过国际关系类和思想类社团，可是并没有能够解决我的困惑。不知不觉中，我的兴趣转向了中国传统文化，记得大二、大三的时候，选修的古代文明、老子与庄子、文物鉴赏等课程都学得挺认真，从不逃课。回想起来，看似是因为那些选修课往往比专业课简单生动、没有课业压力，但我觉得更重要的是在那个阶段需要一种思想寄托。转眼之间，我就这样子度过了 2 年。

大三春季学期，我响应了 Q 学社的号召，每天晚上去操场跑步。跑步活动的意义很多，包括锻炼身体、讨论社团事务工作、加强社团成员之间的交流等。我觉得其中最核心的，是加强社团成员之间的交流，因为它使我受益最大。有一段时间，我经常与一位学长谈心，聊的东西很多，从业务学习、社会工作，再到对社会的看法、人生理想等，无所不谈。人与人都是从陌生到熟悉的，相互了解以后，我们谈的东西就逐渐深入了，学长了解了我内心的想法、思想历程后，循序渐进地跟我讲了一些生产关系、唯物主义、阶级社会等简单的理论知识，我很快就接受了他的引导，接受了马克思主义理论对现实的解释。原因大概有两点：一是我生长在农村，对劳动人民有无比深厚的感情，在解释社会现实的时候，我的立场毫无疑问是站在群众的立场上的，我的理想的源头就是为他们谋幸福；二是学长为人坦诚真挚、理论知识丰富，能够把深刻的理论用聊天的方式讲出来，让我很容易理解。

当我恍然大悟的时候，我觉得自己有了努力的方向和任务，我强烈地感受到在当代青年中传播马克思主义的历史意义，于是我就有了一种发自内心的动力，促使我在大四那年参加了大量的社团工作，我认为马克思主义理论社团的工作是最有价值的，甚至比我参加专业科技竞赛或是保送研究生更有价值。在参加社团工作的一年中，我进行了更专题化、更深一步的原著理论学习、国史学习等，也利用假期时间到农村、到工厂家属区搞社会调查，同时也在探索不同工作方法的效果，想尽办法让社团新成员有所收获并能够认同社团的理念、认同宣传马克思主义的社会意义。实践证明，学长谈心对于刚刚参加社团的新成员是很关键的，新成员往往会在几次活动后开始分化，有些更加积极，有些则不再参加活动，不再参加活动的原因往往不是对社团思想不认同，而是没有能够及时了解它、认识它，从而被它吸引。由于高中教育相对教条和封闭，大学新生的思想往往不是特别活跃，但可塑性较强，细致的谈心工作容易起到事半功倍的效果，帮助他们认识自己、认识社会，从而达到社团宣传马克思主义的目的。

学长谈心对我的帮助，终生难忘！

在谈心工作中的思想交流，主要是指个人的思想发展变化的交流，而不是泛指一般的理论探讨或者读书交流。因此，社团骨干成员认为，在谈心工作中，切忌将内联工作肤浅化。某位社团负责人这样总结这项工作：

很多同学经过实践，看到了诸多社会问题，读了些书，意识到了更深层次的问题后，反而会有很多困惑、很多犹豫。这是青年知识分子必然要面对的，新会员如此，骨干会员如此，主要负责人也如此，每个人的思想都是在摇摆中、波动中甚至斗争中成长的。面对每一个会员的思想波动，既不能就此认为他不可靠、不坚定，也不能对此置之不理、任其发展，而是要耐心细致地帮助他解决困惑，能不能恰当地解决一个会员的思想困惑，反映了这个社团的凝聚力。解决的办法有两种，谈心和思想交流会。一般来说，对新会员，采取老会员与其谈心的方式；而对于彼此熟悉和信任的骨干会员，则采取思想交流会的方式。

综上所述，学社的活动以自我教育为主，通过个人的自我教育以及社团成员间小组形式的自我教育，学习理论、践行理论，实现社团的重要目标，使自我认识得以丰富、自我修养得以提高。社团的活动是该社团实现其宗旨的载体，也是社团延续其生命的保证。Q 学社对外进行的活动主要有读书会、社会实践、社团讲坛和社团书架等。

第二节　功能实现

一个社团的存在，必然要有它的意义，需要实现它自身的功能与价值。对于 Q 学社来说，除了加强自身成员的学习和实践之外，仍然需要依托于宣传平台，联络各方面的资源，同时联合其他学生组织，从而扩大社团的影响，实现它自身的功能。Q 学社的活动无疑是有效果的，Q 学社的存在也无疑是有价值的。这一价值，主要体现在社团成员思想状态的特点和变化上。对于 Q 学社价值的评估，笔者主要采用了问卷调查和访谈相结合的方法，从数据和事实上，体现 Q 学社功能的实现及其存在的价值。

自社团成立以来，Q 学社的活动取得了丰富的成效。《城市快递员生存现状社会调查》获得 K 大学"摇篮杯"大学生学术科技作品竞赛特等奖；《建筑业农民工的生存状况与身份认同研究》获得 K 大学"摇篮杯"大学生学术科技作品竞赛一等奖；《基于社交网络下谣言的传播机制和应对机制研究》《关于内生型城镇化乡村的诞生与发展研究》以及《自媒体时代下高校寝室内交际距离变化的调查研究》获得 K 大学"摇篮杯"大学生学术科技作品竞赛三等奖。其中，《建筑业农民工的生存状况与身份认同研究》和《城市快递员生存现状社会调查》获得 2013 年首都大学生暑期实践优秀成果奖。此外，在 K 大学组织的"读经典，学理论"征文活动中，Q 学社成员撰写的多篇文章获得了多个奖项。由此可见，Q 学社的活动效果不凡，成绩斐然。

一、对成员思想状态的影响

一个社团的活动，如果对成员没有大的影响和帮助，那这个社团必然是没有生命力的。Q 学社的活动，主要通过理论学习和实践，对社团成员产生客观的影响。这些影响，也就体现了社团的功能。我们说，一个组织的功能有其外显的功能，也有其隐性的功能。在学社成员的思想倾向、政治观点等各方面理论学习的变化上，Q学社的效果明显，可以说是社团的显性功能。然而，这些特定方向的理论学习，使得社团个别成员产生了一些比较极端的思想，这是社团一开始并未想到的，可以说是社团的隐性功能。此外，社团在组织活动的过程中，吸收了大量志同道合之士，对社团的团结、发展和壮大起到了至关重要的作用，这是社团的正功能。而由于每个同学对知识的理解能力和认知背景不同，因此对每个知识点的了解程度也不尽相同，这也会造成社团成员在某些细节问题上的思想分化，倘若处理不恰当，也可能造成人才流失、社团分裂，这就是社团活动的负功能。在本章节，将着重讨论社团的显性功能以及正功能，关于社团的隐性功能和负功能，则会在之后的章节中加以阐述。

通过问卷调查可知，绝大部分Q学社的成员都参与过读书会，超过一半的同学参加过社团举办的讲座，因此，Q学社成员的思想状态也是有着明显的特点的，主要表现如下。

第一，思想倾向明确。Q学社的成员普遍有着正确的思想倾向。但笔者在调查中可以很明显地感觉到，个别Q学社的成员有"左"倾的思想倾向。这一现象最直接地体现在社团平时的活动中，不论是读书会，还是讲座，或是有关网站的浏览量上。在笔者的问卷调查中也发现，关于有明显"左"倾色彩的两个网站，Q学社成员的浏览率明显高于求是学会。分别有13.5%和21.6%的Q学社成员浏览过这两个网站，而这两个网站在求是学会成员中的浏览率为2.9%和5.7%。其他的较为常见的网站如新华网、人民网、凤凰网、南方报业网、新浪网、人人网等，浏览量二者都差不多，并没有太大的差别。

第二，政治观点明晰。有明确的思想倾向，Q学社的成员也就会有比较明晰的政治观点，这体现在对具体观点的看法上。

在被问到对"马克思主义永远是工人阶级和劳动群众进行革命和建设的行动指南"这一观点的看法时，绝大部分Q学社的成员都表示了赞成，仅有5.4%的人表示不赞成，还有2.7%的人表示不清楚。而求是学会的成员虽然大部分也对这一观点表示赞成，但仍然有17.2%的成员表示了不赞成，其中2.9%的人表示非常不赞成,同样有 2.9% 的人表示不清楚。这说明,同样是学生理论学习社团,Q 学社的成员较其他社团成员而言更能接受马克思主义。

在被问到对"在我国社会主义新时期,阶级斗争仍将在一定范围内长期存在"这一观点的看法时,Q 学社的成员除了有 16.2% 表示了不清楚以外,其余 83.8% 的人表示了赞成,其中 54.1% 的人表示了非常赞成。而求是学会虽然也有 68.6% 的人表示赞成,但有 20.0% 的人对这个问题表示不清楚,还有 8.6% 的人表示非常不赞成。这也说明了 Q 学社的成员较求是学会成员而言对阶级斗争更为了解,并且比较一致地认为阶级斗争仍将在一定范围内长期存在。

在被问到对"毛泽东时代封闭僵化,生产力的发展长期止步不前"这一问题的看法时,Q 学社的成员除了有 19.0% 的人表示不清楚,仅有 5.4% 的成员表示赞成,其余 75.6% 的成员表示不赞成,其中 45.9% 的成员表示非常不赞成,这和上一个问题的结果比较一致。而求是学会在这个问题上,虽然也有 60.0% 的成员表示不赞成,同时仍有 22.8% 的成员表示赞成。在不赞成的程度上,29.7% 的 Q 学社成员表示比较不赞成,45.9% 的成员明确表示非常不赞成,观点倾向十分显著,而求是学会则有 31.4% 的成员表示比较不赞成,28.6% 的成员表示了非常不赞成,二者比例差距不太明显。

同样的现象还有对"'文化大革命'有其积极和正面作用,不宜全面否定"这一观点的看法。两个社团的成员虽然大部分都投了赞成票,但求是学会有 25.7% 的成员表示不赞成,其中 11.4% 认为非常不赞成,5.7% 的成员表示不清楚,表示赞成的成员也仅有 25.7% 表示了非常赞成,其余 42.9% 的成员都表示比较赞成。而 Q 学社的成员则明显不同,54.1% 的成员认为非常赞成这一观点,29.7% 的成员比较赞成,有 8.1% 的成员表示不清楚,仅有 8.1% 的成员表示比较不赞成,没有非常不赞成的同学。由上述两个问题可见,相较于求是学会的成员,Q 学社成员对毛泽东时代的评价更为正面。

在被问到对"今天的中国已经是世界上贫富差距最大的国家"这一问题的看法时,40.0% 的求是学会成员表示了不赞成,其中 25.7% 表示非常不赞成,此外,28.6% 的求是学会成员表示了不清楚,其余 31.4% 的求是学会成员对这一问题表示赞成。而 Q 学社的成员则有 62.1% 对这一问题表示了赞成，8.2% 表示不清楚，24.3% 表示比较不赞成，仅有 5.4% 表示了非常不赞成。从这一问题的结果可以看出，求是学会的成员对社会现状更乐观，这也应该与他们的家庭条件更好有关。而 Q 学社的成员则对社会现状有着更强烈的批判思想。

在问及对"只有在大力发展公有制经济的基础上才能实现共同富裕"这一观点的看法时，67.5% 的 Q 学社成员表示了赞成，16.3% 的 Q 学社成员表示不清楚，而其余 13.5% 的 Q 学社成员表示比较不赞成，仅有 2.7% 表示了非常不赞成，这体现了 Q 学社成员对社会主义、对公有制经济有着更强的信心。而求是学会的成员对这个问题的观点则比较混乱，25.7% 非常赞同，17.1% 比较赞同，28.6% 不清楚，20.0% 比较不赞同，8.6% 非常不赞同。这一现象表明了求是学会的成员对有关社会主义和公有制理论的认识并不明确。

在问及对"今天中国腐败问题严重的主要原因是共产党一党执政，缺乏监督"这一问题的看法时，Q 学社明确表示非常不赞成的有 32.4%，21.6% 表示比较不赞成，19.0% 表示不清楚，27.0% 表示比较赞成，没有非常赞同的同学。而求是学会的成员表示非常不赞成的仅有 14.3%，22.9% 表示比较不赞成，17.1% 表示不清楚，有 37.1% 的成员表示比较赞成，还有 8.6% 表示了非常赞成。可见 Q 学社成员对于中国共产党的领导更有信心。

在问及对"苏联解体使俄罗斯回归了人类文明主流"这一问题的看法时，一部分同学对此问题表示了不清楚，此外，64.8% 的 Q 学社成员表示了不赞同，仅有 10.8% 的成员表示赞同。而求是学会有 45.7% 的同学表示不赞同，18.0% 的同学表示赞同。

由此可见，相较于求是学会的成员各种思想倾向都有、思想观点不明晰的情况，Q 学社的成员对一些问题观点更清晰，也更一致。

第三，注重理论学习。Q 学社作为一个学生理论学习社团，真真正正地注重理论学习。在笔者的调查中，除了上述的读书会、社团讲坛、专题讨论和社会实践活动有极高的参与率以外，笔者还问及了对马克思、恩格斯原著的阅读情况。

在求是学会，被调查的成员有 20.0% 读过多篇马克思、恩格斯的原著，有 31.4% 读过一两篇马克思、恩格斯的原著，而有 48.6% 的成员从来没读过马克思、恩格斯的原著，未读过马克思、恩格斯原著的同学接近一半。

Q 学社的情况则完全相反。51.4% 的 Q 学社成员读过多篇马克思、恩格斯的原著；27.0% 的 Q 学社成员读过一两篇马克思、恩格斯的原著；仅有 21.6% 的 Q 学社成员从未读过马克思、恩格斯的原著，这一问题直接反映出 Q 学社更加注重理论学习，注重学习理论、践行理论。

二、成员的感受与体会

通过问卷调查，我们可以发现，Q 学社的成员认为，社团对于他们最大的帮助在于思想理论水平的提升以及社会分析能力的提升。在问及"参加社团活动，对你最大的帮助在于提高了自己的……"这一问题时，有 89.2% 的 Q 学社成员选择了思想理论水平的提高，67.6% 的同学选择了社会分析能力的提高。由此可见，Q 学社对大学生的思想状态有着重要的影响。在本章节，笔者主要截取了几位 Q 学社成员的学习感悟和讨论，以此阐述 Q 学社对他们产生的影响。

苏文然同学，作为 Q 学社会长，也是读书会《资本论》学习小组的重要成员。同时，她是学校经济管理学院的一名本科生。对于在课堂上学习的西方经济学理论，苏文然将之与马克思政治经济学中的理论进行对比，她说：

> 现在西方经济学研究的普遍方法是从现实的一个事实出发，利用反推的论证方法，得到可以解释现实现象的模型、学说。
>
> 首先，这个本身的论证角度是不符合有效合理论证的正常的推论逻辑的。再者，西方经济学需要做很多的假设才能达到解释现象的目的。其研究者是从一个虚构的现象出发，却希望得到一个符合现实的论证，这显然有很强的主观性，需要考虑到的影响因素也不够全面。
>
> 而我们的社会大众则希望经济学是一种普遍承认的科学，是一种无论哪种现象都会有其存在身影的普遍性科学，而不是存在无数种无法

解释的特例的"科学"。且一旦产生新的状况，不会认为和发生过的事件拥有科学共性，反而以超出预期的理由提出各种所谓"科学"的解释方法，即就事论事，没有提供科学的分析经济问题、解决经济问题的手段。只研究短期经济状况的经济学显然不符合我们的心理预期需求。

如何才能寻到真正科学的经济学成了很多人的夙愿。在探寻真理的道路中，马克思的政治经济学成了现代知识分子的"新宠"。只要能指导人们认识问题、解决问题的方法就是好的方法。我们看重思想的本质而不是噱头。社会需要我们这种新型的思想力量。

在课堂上，苏文然也会与她的经济学老师进行一些讨论，更多的是辩论。她说：

> 在课堂上，有一回，我是这么请教老师的："我觉得现在的西方经济学，我们学了这么久还是无法解释现实的事实。那么多现象都无法真正借用学说来成功解释，并指导改革。而且经济学做那么多的假设，假设的建立虽然会使学术研究简化，可是会与现实脱节。您怎么看？"
>
> 老师说："我们是有很多假设，但是在后来的过程中有了一定的还原。假设是为了更好地研究经济学服务。"
>
> 但是我看到在后来的学习中也没有将现实还原，而且认为老师的这个说法与现代经济学不科学的脱离现实背景的论证方法明显是有冲突的。
>
> 老师不同意我的观点。我们有冲突。很明显，我们的思考角度不一样。

一位 Q 学社的骨干之一，也是社团的老成员这样描述他在社团的经历与收获：

> 哲学的根源是思维与存在的关系。这两年来，我对这两者的关系有了更加深刻的体会。进入大学四年级，已经经历了对于大学生活规划的多次抉择；我看到了大学中、社会里的人生百态、形形色色；对

于自我的认识，已经看到自我作为社会的一分子，看似独立于社会，本质上所有的行为都已经附属于这个社会，当然自我也是社会构成的一员。在校园里，对于科学知识学习的异化，开始反思；对于社工的形式主义，脱离学生的趋势，感到不满。社会中的矛盾开始激化，经济问题开始凸显，政治问题复杂多变，而我自己没有能够梳理出纷繁多变的社会矛盾的头绪。

因此，我在 2011 年 10 月初参加了张倩茜组织的读书会活动。学习内容为社会问题，如农村问题、民族矛盾、国有企业、改革开放等。在第一次的读书会上，认识了高鹏飞、张倩茜、张印文、张晓旭、刘成成等同学；后来又认识了吉利伟、邓子豪、肖兴成。这半年的读书会对我的影响很大。我当时还在复习考研，每周一次的读书会我没有放弃过。每次读书会我都会把发给我的小册子，认真地看完一遍，我经常会提前到图书馆借阅相关的书籍，提前查询。

读书会的气氛很好，大家讨论得非常投入，经常会感觉时间过得很快。每次是张印文负责通知大家学习，打印材料，高鹏飞主持读书会。高鹏飞是一位非常有耐心的学长，他会给大家充分的发言时间，引导大家寻找事务的矛盾点，从事务的矛盾本体出发，而非从个人的意识出发。这一点对我的影响很大。

在坚持了半年的读书会学习后，回想半年的学习，如同醍醐灌顶。既学习了分析社会事务的基本方法，也认识了几位志同道合的朋友。

2012 年 2 月底，Q 学社正式在团委注册成立。在这一年里我们坚持自我学习，学习中华人民共和国成立前三十年历史与改革开放历史。这一点对于理事会的内部培养起到至关重要的作用。

成立之初，我们坚持每周一次的工地实践；还有去王老师那观看老电影。2012 年暑假前，我们对于社团的认识逐渐加深，开始对社团进行改革。组织暑假的集中学习小组、组织社会实践团和筹办社团讲坛。这个暑假是很有收获的。

2013年最重要的事情是理事会的政治经济学小组的学习。学习内容为《资本论》，参考书目是徐禾的《政治经济学概论》。这半年的学习，让理事会的关注重点开始从意识形态领域转变到经济领域。这半年我们读书会有五个组。社团进来了一批有思想、能做事的同学，给社团注入了新鲜活力。理事会的改革从未停止。理事会坚持自我反思、自我改革，在学期末开会决定砍掉工地实践活动。扩充执委会人员，把积极、有能力的同学及时提拔到执委会中来；划分执委会部门职能，设置办公室、社团讲坛、实践部、生活部、宣传部五个部门。另外，我们把社团精力调整到暑期的社会实践上来。执委会同学几乎全部参加实践。其中南街村实践团的同学，经过8天的南街村实践调研，对于社会的认识更加深刻，对于社会的定位更加清晰。

2013年8月组织了执委会马列主义理论学习10天集中培训，这个时候理事会一致决议把下半年的工作重点调整到培养Q学社执委会骨干上来，不盲目招新。一切活动为了锻炼执委会做事能力与理论学习，为学社培养接班人做好充分准备。理事会的学习领域调整到金融行业。执委会分两组：工人运动组与国史组。

一位参加社团活动一年多的学社成员如此表达他对于Q学社的认识：

我觉得作为一个马克思主义理论的学习型社团，它势必不同于一般的哲学性的讨论平台和单纯的团体活动组织。这既涵盖认识世界的认识论和方法论，更是结合一般政党的组织理念和特定环境下讲求实事求是的积极主动改造行动。这是社团所学习的马克思主义本身的特质所决定的。

另一位社团的老成员则写下了如下诗意的感悟：

熟读军事，喜欢上了数学之美；同样，研习历史，使我不可自拔地迷上了其中时隐时现的哲学理念。但对我来说，更多停留在历史的迷人的事件和有趣的故事，而不是历史背后是什么，以及身在其中的我又是如何。

这些东西并非难以理解，随着岁月的苍老，新鲜的趣味荡然无存，对我来说，这些一贯的抽象评价，不过是亦真亦假的脑海里转瞬即逝的东西。似乎没人能确切地预知这意味着什么，似乎历史本身也建立在反复的逻辑悖论上。

我不知道这意味着什么，不过思考从未留步。

成年后，是的，步入大学已经是个成年人了！少年动力依然不乏，也算是在强烈的历史使命感的熏陶下对人生本身意味的理解不竭的渴求。直入主题，事实上在学社这里认识了一个挚友，还有我认为是所认识的第一个在科学的逻辑上构建的大厦的理论——马克思主义，以其无穷的魅力和渊深的体系，初试牛刀，并将我带上对世界观、人生观和价值观的重新剖析。是的，这里是一汪甘泉，清澈见底，透彻心扉。如此的相似，在过去的历史里找到了它必然的现实逻辑；如此的实事求是，在现在变幻的现实里投射出犀利的预见。

一切的偶然性里运作有必然的规律，一切的必然确实由一系列偶然的历史幕景来展现。

是的，在这里，没有人超然物外，这种单纯的感情是对现实的本质追求的动力。这里有最真情的一切，我们相互依靠，相互分享，相互学习，相互帮助；我们为彼此的友谊而深爱，我们为彼此的真挚而畅谈；我们彼此以诚相待，我们彼此抒发看法，是的，这里有的是朋友的友情，情感的真挚。一切坦然到为共同的信仰而充满朝气、生机和活力。

在彼此的关切下，建立了牢不可破的联系，并在这一纽带上勾画出共同愿景和各自充满活力的个性。

他们，还有社团，始终是这个伴随那些激情燃烧的岁月的故事主角。而我们一直在行动着，彼此深知。和这些让人备受鼓舞的年轻的热血青年一样，改变了他们，也改变了我们的人生轨迹。

回忆像潮水一样涌来：李老师的深切关怀，难忘她理论透彻的剖析；难忘在社团艰难之时，那些落寞时间彼此给予安慰，彼此仍旧团结奋进在一起，一起坚持并依旧抱有万倍热忱通宵讨论。星辉依旧，仿佛那些真挚的絮语，恍如昨日清晰；在蓬勃的发展时，历经困难挫折，却"屡战屡败，屡败屡战"。明慧的黑色眼睛在夜幕里湿润了，闪着滴滴泪光。是的，今朝我们依旧相约千里，只因有一个共同的信仰纽带。

从他们理论知识的提高中、从句句感怀的回忆中、从这情深意切的感慨中，我们清楚地看到，Q学社正在影响着一批青年人，使他们认识世界、学会思考、丰富知识，更重要的是，使他们学会站在工人阶级的立场上，运用所学到的马克思主义理论知识，武装自己的头脑，并为之奋斗！

综上所述，Q学社的活动有着良好的效果和价值，主要体现在社团成员思想状态的特点和变化上，也体现在成员获得的奖项上。成员思想状态有着明确特点：思想倾向明确、政治观点明晰、注重理论学习。成员也在丰富的活动中学到了很多普通社团并不具有、课堂中很少能够学到的知识，同时，学会运用马克思主义的方法论，来认识世界、判断世界，并且努力改变世界。

本 章 小 结

本章主要介绍了社团的主要活动形式以及社团功能的实现。

（1）主要活动。

学社的活动以自我教育为主，通过个人的自我教育以及社团成员间小组形式的自我教育，学习理论、践行理论，实现社团的重要目标，使自我认识得以丰富、自我修养得以提高。社团的活动是该社团实现其宗旨的载体，也是社团延续其生命的保证。Q学社对外进行的活动主要有读书会、社会实践、社团讲坛和社团书架等。

读书会

读书会承担了社团的学习任务。读书会旨在通过阅读书籍、文章，研讨时事热点、中华人民共和国历史和当今现状，引导大学生深入关心社会。学社成员以博览群书为任、以良书益友为径、以勤奋思考为荣、以交流讨论为乐、以进步释疑为获。

读书会分为两个层次：基层组和专题组。基层组读书会围绕社会问题展开，由参与读书会的同学自由讨论，发表观点，交流意见。专题组读书会是在基层组读书会的基础上进行的，更多的是在交流讨论中掌握看透社会现实、看清社会本质的方法。Q 学社的专题组读书会最主要的学习内容是政治经济学。

学习以马克思主义基本原理、中华人民共和国的历史和工农群众的生产生活为中心，希望通过学习来消除影响学生的政治冷淡倾向，意识到政治不是少数人的事情，意识到社会和每个人息息相关。学社希望通过学习，了解真正的社会主义时期的历史，培养对于社会主义的感情，树立辩证唯物主义的历史观和世界观；通过学习，认识到人民群众是历史的创造者，阶级斗争是推动历史前进的根本动力。

在基础学习过程中，一般以 10～15 人组成一个小组，每个组配备 2～3 个组长，在学期初制订好整个学期的初步学习计划。在学习过程中，尤其是讨论的时候，应当充分民主、自由，让发言人尽可能阐明自己的观点，在学习结束可以对本次读书会进行总结和分析。

专题学习小组通常分层次开展。第一层次是学习原著。基本的原著包括《共产党宣言》《社会主义从空想到科学的发展》《马克思主义的三个来源和三个组成部分》《哥达纲领批判》《国家与革命》《帝国主义是资本主义的最高阶段》《马克思主义和修正主义》《反杜林论》《家庭、私有制和国家的起源》等。第二层次是基本历史学习。基本历史包括以下几方面：其一，中华人民共和国成立前 30 年国史；其二，改革开放以来的国史；其三，资本主义发展史；其四，共产主义运动历史。第三层次是研究性较强的专题组。主要有三方面目的，一是明确当前国内外形势；二是批判错误的理论观点；三是深入学习马克思主义理论。这一层次的小组学习内容广泛，包括以下几方面内容：其一，国际资本主义研究组；其二，工人问题研究小组；其三，中国经济研究组；其四，哲学组；其五，《资本论》组；其六，三农问题研究组。

社会实践

实践也是 Q 学社最重要的特色之一。Q 学社的社会实践活动充分结合学校的暑期实践课程，利用暑期、"五一"和"十一"长假进行实践。其中，社会实践的重点是假期实践，主要由实践部负责筹划和组织。

社会实践工作的根本目的是培养人。围绕着这一核心目标，社会实践可以分为三个层次：第一个层次，培养朴素的感情；第二个层次，深入认识；第三个层次，研究问题。

在已经开展过的日常实践中，主要以校园工友实践和工地工作为中心内容。通过实践，可以较为深入地了解了工地的基本状况、各项问题，包括工友的基本信息、家庭、收入、生活、打工史等。通过实践和理论学习，能够较为全面地了解工地的用工制度、各类关系。

假期实践是各项社团工作中最复杂的工作之一，在实践前社团会做好细致的准备。这主要有四个方面：明确实践目的、准备实践材料、组织实践支队、与当地建立联系。在实践队伍的组织上，一般会控制在 5 ～ 6 人，且至少包括 2 名有经验的老会员。

社团讲坛

社团讲坛即讲座活动，是 Q 学社宣传自己并吸引有相同爱好同学的一个重要场合。每学期 Q 学社都会举办四次左右的讲座，主要围绕经济状况、社会思潮、青年责任等主题。讲座老师几乎都是社团骨干成员在参加其他学校的讲座活动时认识的，在听取老师的讲座之后，通过提问题等方式与该老师建立联系，最后才会邀请该老师来 K 大学举办讲座。除了丰富社团成员的认知，社团讲坛也是 Q 学社宣传工作中一大重点工作。讲座有较广的宣传力度，中心是向同学宣传马克思主义。

社团书架

社团书架是 2013 年秋季学期开始推出的活动。学社为大家准备理论分析、时事评论、世界历史运动、名人传记、马列原著、中共党史、毛泽东选集、政治经济学著作、邓小平文选等书籍，成员可选择阅读。

观影会

观影会是 2014 年春季学期新开辟的活动。结合社团讲坛、读书会等活动的学习内容，通过观看有特定时代背景的电影，更加深入了解社会，理解所学内容，穿插在社团活动中不定期举行。

内部建设

Q 学社将所有的会员作为内部建设培养的对象。通过多项活动进行内部建设。第一，学社内部组织生活：主要是每周五晚 4：50 在学校食堂四层大圆桌的集体晚餐活动，在清明、中秋等小假期期间，也会组织大家进行集训或者外出郊游。第二，名师交流会：在每两次读书会后，Q 学社都会邀请北京的名师来 Q 学社举办 Q 学社内部小讲坛。第三，读书分享会：2014 年春季学期开始，学社开始组织读书分享会，旨在让成员针对自己读过的书进行交流与分享。第四，谈心交流：谈心也是 Q 学社比较有特色的一项工作，话题没有限制，可以是学习生活上遇到的困难，也可以是学习实践中产生的迷惑，更可以是关于国家社会、未来人生的探讨。

（2）功能实现。

Q 学社的活动的效果和价值，主要体现在社团成员思想状态的特点和变化上，也体现在成员获得的奖项上。对于 Q 学社价值的评估，笔者主要采用了问卷调查和访谈相结合的方法，从数据和事实上，体现 Q 学社功能的实现及其存在的价值。

对成员思想状态的影响

Q 学社的活动，主要通过理论学习和实践，对社团成员产生客观的影响。成员的思想状态体现着明显的特点，主要表现如下：第一，思想倾向明确。大部分 Q 学社的成员普遍有着正确的思想倾向。第二，政治观点明晰。同样是学生理论学习社团，Q 学社的成员较其他社团成员而言更能接受马克思主义，对阶级斗争更为了解，并且比较一致地认为阶级斗争仍将在一定范围内长期存在，对待毛泽东时代的评价更为正面，对社会现状有着更强烈的批判思想，对于中国共产党的领导更有信心……由此可见，相较于其他理论社团的成员各种思想倾向都有、思想观点不明晰的情况，Q 学社的成员对一些问题观点更清晰，也更一致。第三，注重理论学习。Q 学社作为一个学生理论学习社团，真真正正地注重理论学习。在笔者的调查中，读书会、社团讲坛、专题讨论和社会实践活动都有极高的参与率，对马克思、恩格斯原著的阅读情况也相对较好。

成员的感受与体会

社团成员的感受与体会主要集中在理论知识的提高、对社会实践的深切体会、对社团好友的感怀、对其他种种活动的回忆……从他们情深意切的感慨中，我们清楚地看到，Q 学社正在影响着一批青年人，使他们认识世界、学会思考、丰富知识，更重要的是，使他们学会站在工人阶级的立场上，运用所学到的马克思主义理论知识，武装自己的头脑，并为之奋斗。

第五章

社团的困顿

任何一个组织的发展都不会是一帆风顺的，每一个阶段都有着不同的问题。这些问题，有些在社团组织的隐性功能中暴露，有些则直接表现为社团组织的负功能。从社团最初讨论筹建，到现在发展得蒸蒸日上，不论在哪个时期，社团都一定会遇到一些问题，正是这些困难和危机，以及这些问题的恰当解决，使社团得以走上正轨，促使社团得以更好地发展。正如一位社团发起人说的，社团"应该是有很多问题的，社团的发展也基本上是这些危机堆加的"。在本章节，主要讨论的是现阶段社团所面临的困难。现在的 Q 学社，虽然发展势头良好，但在笔者参与活动的过程中，也发现了一些问题。这些问题仅作为笔者的个人观点，写在下面作为参考，也希望给 Q 学社的发展带来一些新的思考。

第一节　定位问题

一个社团存在的意义，取决于它自身的定位。明确社团及社团成员的定位，有助于社团的健康发展以及作用的实现。社团的定位问题不如活动中暴露的问题那么具体，但一旦不能很好地解决，则会极大地影响学社的发展，甚至可能如前文社团骨干成员所担心的：忘记了初心，"社团也不再是最初的社团"了。

一、社团的目标定位

虽然社团在成立之初已经确立了定位，但社团的定位应当是不断发展的。Q 学社作为高校学生社团，主要的活动对象是高校学生。同时，Q 学社作为一个学生理论社团，其最主要的功能是学习理论、宣传理论、践行理论。

时代在发展，每一届学生也有着不一样的特点，因此，对于社团存在意义的思考，是始终不能忽略的问题。当一个社团偏离了它自身建设社团的目的，而沦为活动的载体时，那么，这个社团的存在似乎也就没有什么必要了。对于社团的定位，一位骨干成员说：

> 社团毕竟是学校里的社团，面向的对象是知识分子。社团承担的历史任务是知识分子改造。这是历史的阶段任务，也是符合当代时代背景的。我们知识分子是求真求实的，是具有改造世界的激情的。但也要看到知识分子有不同的经济基础，也有精英主义的隐患。

这位骨干成员的担忧，也可以算作笔者的担忧吧。大学生们虽然成长背景不同、生活背景不同，但他们都是未来中国特色社会主义的建设者。毛泽东同志曾经说过，"世界是你们的，也是我们的，但是归根结底是你们的。你们青年人朝气蓬勃，正在兴旺时期，好像早晨八、九点钟的太阳。希望寄托在你们身上。世界是属于你们的。中国的前途是属于你们的"[1]。然而，在全球化的浪潮下，青年人的思想日趋多元，在这样的大环境下，青年人更需要有明确的理想信念。Q 学社成立之初，是为了培养青年人的爱国之心、爱社会主义之心、爱劳动人民之心，这是 Q 学社的信仰，也应该是青年知识分子的信仰。

同时，随着社团成员一届一届轮换，社团成员的思想特点也一点一点变化，社团的目标必然会跟着更新。它是不是能够不忘初心，继续坚持自己的初衷和特色，还是像某些理论社团一样，在发展中逐渐湮灭了自身的特点，忘记了创立之初的目标，最后乏善可陈，平平淡淡，归于消失，这也是值得社团的领导者思考的问题。倘若最终忘记了自己的初心，那么就印证了社团早期成员所说的"社团也不再是最初的社团了"；倘若想要不忘初心，那么势必要砥砺前行，面对无数困难，想好应对措施，从制度上保证社团的发展方向和发展目标，并且一届一届坚持下去，才能真正保持其初心。虽然社团遇到的问题会随着其自身发展的变化而变化，但社团始终要坚持的方针和原则不能变，这是社团保持初心最重要的保障。如何坚持社团的方针和原则不变化，这也值得社团骨干成员去思考。

二、社团的思想定位

作为一个实质上的学生理论社团，Q学社必然是有着一定的思想倾向的。而以工农出身为主的他们，也必然是会坚持马克思主义的。然而，笔者观察发现，社团的个别成员的思想有向极"左"发展的倾向。这体现在成员平时读书会中意见的发表，而这些意见也使得一些新成员产生了疑惑，如果不能及时解决，新成员就会对社团丧失兴趣，甚至退出社团。这一倾向十分值得注意，笔者认为也是应该避免的。首先，这一倾向较为极端，已经受到了一些不正确的思潮的影响，而在社会维稳的大环境下，必然会引起学校的关注，如果社团不能及时纠正，就会被当成"问题社团"，从而问题又回到了会不会被取缔的困扰。其次，过于极端的思想会使得成员被这些思想左右，无法认识到真正的马克思主义理论，从而学的是他们认为的马克思主义，这对成员的学习是有百害而无一利的。这样的学习也会影响到新加入的成员。如果新成员逐步接受这样的思想，那对新成员的思想政治素质是毫无益处的。而如果新成员无法接受这样的思想，则他们必然会退出社团，社团又无法发展继续下去。最后，这一倾向会使得学习的理论脱离社会现实，无法通过社会实践来印证，由此产生的疑惑如果用这样的思想倾向牵强解释，也必然不能让大家信服，从而也就失去了社团存在的实践意义。因此，社团的思想定位问题也需要社团骨干成员积极思考和讨论，使社团走在健康的大道上。

同时，随着社团的发展，社团成员的增多，成员间思想的多元化，社团的思想定位会不会受到其他社会思潮的影响，从而丧失其本来的定位，发生偏离，变成一个"新"的Q学社？这也是社团骨干成员要思考的问题。社团的主要工作是改造人的思想，而思想的多元化又使得其难以完全统一。保持初心，求同存异，使社团健康发展下去，而不变成其他社团，不会由于思想不统一而逐渐分裂、消失，这是社团应该思考的方面。怎样坚持马克思主义的世界观和方法论，这不是一句口号，而是需要社团成员在实践中不断思考的。面对社会上的一些现象，怎样正确认识，而不是成为"愤青"；怎样辩证地思考，而不是偏激地怒骂，都是骨干成员必须思考并且实践的问题。Q 学社的思想定位，必须要坚持马克思主义的基本原理，充分体现社会主义的性质和发展方向，也必须要适应其在新时代的发展，同时，要经得起实践的检验。这一系列问题，对于社团的发展十分重要，也有待于社团未来领导者去思考和践行。

社团的思想定位，决定了社团的存在与否，决定了社团未来发展的方向，这对于社团来说是一个极端重要的问题，也是急需解决的问题。无论社团未来怎么发展，它都必须坚持自己的思想定位，坚持真正的马克思主义思想，坚持社会主义的方向，坚持为人民服务的原则，坚持集体主义的核心。而如何坚持，如何继续，如何不忘初心，则是社团组织者必须思考的问题了。

三、社团的实践定位

社团实践有三个功能：一是了解认识工人阶级基本状况，了解国民经济真实水平；二是培养新同学更好理解马克思主义工人阶级立场问题，培养坚定的无产阶级立场；三是在调研走访的基础上，形成较为系统的调研结果，甚至帮助工人解决自身面临的实际问题，维护工农权利。

社团实践的功能是明确的，但关于谁是第一位，哪个是首要目的的问题，社团骨干成员一直都在讨论。事实上，这三个功能同样重要，相辅相成。了解国民经济真实水平是社会实践最基本的功能，也是社团理论学习的实践基础。培养马克思主义的立场，是社会实践的本质。"实践是检验真理的唯一标准"，马克思主义本身就是实践的理论，它强调了实践的重要性，社会实践验证了马克思主义理论的正确性和工人阶级的立场。而帮助工人解决实际问题，则是社会实践的附加功能。社会实践活动，不应仅停留在认识社会，而是能够尽自己的微薄之力改造社会。因此，这三个功能都是社会实践的重要功能，对锻炼青年学生都有着积极重要的意义。

对于 Q 学社而言，社团希望通过实践活动，锻炼新同学，进而达到能够帮助工农解决实际问题的目的。他们带着这样的目的去实践，的确锻炼了一批积极性很强的同学，现实中也的确解决了一些工人面临的实际困难。但是对于大多数同学来说，这并不现实。实践调研随机性强，同学们的流动性也很大，大部分同学不能一直参与同一个实践内容，甚至很多同学在实践中还有很多困惑没有及时解答，这导致一部分同学并没有底气去主动进行深入的探讨。通过社会实践观察到的现实生活中工人的真实状况，和同学们的想象相差较大，这也使得同学们必须在消化、吸收、接受的基础上，再进行深入的社会实践。实践本身就是对同学们世界观的改造，这一过程是需要做大量工作的。如果同学们并没有很好地接受社会现实带来的冲击，那进一步进行实践活动，就不会顺利，甚至会出现部分同学惧怕实践的现象。

因此，笔者认为，对于初次参加社会实践活动的同学来说，先通过观察社会，建立正确的世界观，明确马克思主义的阶级立场，就足够了。进而通过更加深入的学习和了解，继续进行实践活动，这时候再力所能及地想办法帮助工人解决一些实际问题，才更有意义。社会实践同样应当分层次、分水平进行，才能更好地达到实践的效果。

四、社团骨干成员自我定位

对于一个社团，必然有骨干成员和新成员。骨干成员作为加入社团较早、理论知识较深的成员，在社团中如何进行自我定位，同样也是一个问题。在 Q 学社的组织构建中，虽然每一个成员都是平等的，都可以相互发表意见和建议，但骨干成员在资历上相对老一些，因此不免自带高位属性。而新成员作为新加入学会的"菜鸟"，必然有一些对老成员有所仰视，这就造成了一系列的问题。

笔者在研究过程中发现，个别骨干成员有些许自我膨胀的现象发生。也许他们自己并没有意识到自己的这一变化，但现实中确实有个别骨干成员因为自己加入社团较早、对社团贡献较大、理论水平较高而对社团的发展产生一些主观臆断，或者一定程度上忽略其他成员建议的现象发生。他们会在读书会上滔滔不绝，并且自认为自己资历老、理论基础较好，从而只认为自己是正确的，而不愿意听从别人的意见，对其他成员发表的不同意见一味反驳，使得读书会的讨论变成了骨干成员的"一言堂"。同时，在社会实践的过程中，个别骨干成员会以自己参加过无数遍这样的社会实践活动，对其十分了解，而忽略新成员的建议，武断认为新成员的想法就是错的，要求大家必须按照自己的想法来进行活动。这样一来，既影响了新成员参与社团活动的积极性，也影响了社团的发展。同时，也可能由于个别骨干成员并未意识到的不当言论，使得一些曾经热心社团发展事业的成员逐渐失望，渐渐对社团丧失热情而逐渐退出。

因此，社团骨干成员如何自我定位，对社团的发展有着极其重要的意义。作为社团的骨干成员，他们更需要注意谦虚倾听他人想法，更需要注意及时自我批评，以免社团流失人才，避免社团的发展方向产生偏离。社团成员在本质上是相互平等的，不因入团早晚而分尊卑。但在实际操作过程中，新成员难免会对理论基础较好、活动能力优秀的老成员产生敬佩甚至是崇拜的心理。老成员应当正确认识这种现象，并且及时自我反省，调整自我认知，不因新成员的夸赞而洋洋自得，也不因自己水平较优而居高临下。要对每一位成员都有尊重之心，沉下心来与大家继续共同学习、共同进步，新老成员携手共同为社团的建设提供中坚力量，使得社团的发展越来越好。

综上所述，明确社团及社团成员的定位，有助于社团的健康发展以及作用的实现。在 Q 学社的发展过程中，其在目标定位和思想定位、实践定位、骨干成员自我定位等方面都暴露出了一定的问题。

第二节　组织问题

如果一个社团只有两三个人，也就无所谓社团的组织问题。只有当社团达到一定规模后，才会有社团组织问题。正如前文所述，在成立之初，Q 学社并没有讨论社团组织架构问题，而是对社团的核心理念、对读书会内的问题进行继续学习。也就是说，成立初期社员们主要思考为什么要成立社团，而对这个问题的思考也是不能停止的。如果一个社团忽略了自己存在的目的，自然就会迷失方向。

社团在建立之初的组织主要为理事会。理事会内部有分工，负责社团大小事务。社团事务工作简单，内部分工明确，大家的主观能动性很大，都有社团的整体观念。随着社团事务性工作开展起来，社团分工越是细化，组织建设的工作也越是急迫。社团开始在原有执委会基础上设立五个部门：宣传部、实践部、办公室、讲坛部、生活部。部门之间是平等关系，部门负责人之间可以沟通社团事务工作。在社团工作的组织方面，如果不能合理、恰当地组织活动，实现活动的目的与作用，活动就形式化、机械化了。一旦活动成为形式化的工具，从社团自身发展来说，社团无法真正留住人才；从社团定位目标来说，则使得社团和其他学生社团并无两样。一旦如此，Q 学社的存在也就失去了其原有的意义。因此，社团的组织问题也是至关重要的。而随着分工的细化和活动的开展，社团暴露出的组织建设问题也越来越明显。

一、社团的管理组织

社团从筹建到发展，在组织管理层面也不断遇到一些问题。持续性支持问题作为筹建之初最显著的问题，现阶段看来已经很好地解决了。随着社团的发展，外部的持续性支持逐渐演化为次要因素，而内部的组织管理建设，成为最重要的问题之一。社团成立之初，经常担心经费问题。随着社团的发展，经费问题对社团发展的影响逐渐减小。经费主要包括资料打印和社会实践。社团原本希望通过经济的杠杆调动社团成员的积极性，但后来发现，同学们的积极性并不在经费上，恰恰在社团的组织方式上，在社团一些同学的人格魅力上。社团人员的流失没有因为经费问题流失，社团人员留下来也不是因为经费问题留下来。因此，持续性支持的问题对社团影响并不是最重要的。实际上，在 2014 年春季学期，社团也得到了学校团委宣传部的支持，每个月都会有一定数量的活动经费，因此，这一问题可以说是已经解决了，而现阶段的主要问题，则在于社团的组织管理上。

第一，信息对称问题。部门建成之后，虽然分工明确，却暴露了组织建设信息不对称问题。很多活动需要不同部门不同成员共同参与、共同合作，每一项活动进行的程度，都需要及时了解沟通。社团在前期组织活动中，由于组织权责不清晰、信息沟通不畅、社团成员信息不对称，出现由于沟通失误，对活动造成很大影响的事件，虽然之后通过各种途径弥补，但对活动效果依然产生了影响。

社团的基本例会为执委会大会，2013 年基本为每两周召开一次。会议的内容一般为总结过去工作，部署下一阶段工作，而针对具体的事情主要是通过安排到人实施的。这样的工作模式，慢慢变为某一项工作往往压到某个人身上，而大家在会下的交流并不通畅，甚至缺少交流。这也就造成了一部分执委会成员工作压力很大，而另一部分执委会成员则没有得到充分锻炼。

2014 年春季学期，学社对执委会例会进行进一步修改，加强部门建设会议，倡导部门建设与读书会结合。通过这样的形式，依靠读书会加强部门内部同学的沟通，这样也避免了纷繁复杂的会议形式。但这一模式，也会带来另一个问题，部门与部门之间的沟通少了，容易使部门固化，可能会成为小集团决策。这一问题还有待社团进一步讨论和思考。

第二，骨干成员组织管理能力培养的问题。一个社团想要健康、持续地发展，除了有良好的组织结构之外，社团的骨干成员还必须有一定的组织管理能力。对于社团骨干成员组织管理能力的培养，对于社团的发展也是有着十分重要的意义的。也许是对一些"官本位"社团的排斥，Q 学社成员在会长、部长等职务上区分度不大，所有成员共同为社团出力的状态也使得社团在很大程度上并不缺乏人力。然而，作为一个组织机构，对其自身的有机管理是十分重要的，这也是避免出现重复工作、忽略工作等问题的有效手段。

第三，后继者的问题。后继者的问题也是 Q 学社现阶段面临的较为重要的问题之一。虽然 Q 学社本身作为学校中比较小众的社团，并不以追求社团的庞大和会员的众多为目的，但如何吸引有共同理想的同学加入进来，并且能留下来为这个社团出一份力，也是值得社团骨干成员思考的问题。社团新成员的流失一直是社团面临的问题。根据笔者的观察，在第一次读书会之后，一部分学习小组的新成员就开始流失，有些甚至达到了一半以上，甚至有些读书小组的成员几乎都是老成员。或许社团并不担心这一现象，认为这是正常现象，必然会有新生参加活动后发觉自己对社团的实际活动并不感兴趣而主动退出，这一现象显然是不利于社团的发展的。

笔者认为产生大量新成员流失的现象主要可能有以下几个原因。

一个比较重要的原因可能是，社团在招新之时对自我定位的宣传并不那么直接，由此"忽悠"了一些不明真相的同学加入，而当他们清楚明白社团的定位后，发觉自身对其并不感兴趣，也就主动退出了。这个原因并不会影响到社团的整体发展，也正好是对社团招募新成员质量的一个筛选过程，这确实是正常的现象。但如果能在招新之初就明确社团自身的定位，直接招募对理论学习有兴趣的同学参与进来，工作效率是否会更高一些呢？这也值得社团成员思考。

另一个重要的原因可能是，在最初几次的读书会上，一些新生虽然对讨论的话题比较有兴趣，但由于理论基础有限，始终不能融入讨论的过程当中去，而只能听从其他学员的见解，学习讨论会变成了学习听课会。无法发表自己不成熟的观点，使得理论基础较为薄弱的新成员渐渐不愿意参加活动，从而慢慢退出。这一问题就十分值得社团重视并采取措施了。新成员主要参加的活动就是读书会，最开始接触的活动也以读书会为主，怎样通过读书会留下志同道合的同学，也是值得每一个读书小组带组人思考的问题。或许可以针对不同新成员的特点，分层次讨论，激发他们参与活动的热情，从而使得新成员有参与感，有归属感。

二、理论学习的组织

这里所讨论的理论学习问题，主要是针对基础学习小组的读书会在组织学习开展过程中所遇到的问题。基础学习小组是读书会最主要的学习组织形式，它承担了新成员的理论素质培养提升的任务。新成员的去留，都在基础学习小组得以体现，而社团成员的流动与更新，也依赖于基础学习小组的工作成果，因此，基础学习小组的读书会在社团发展中有着至关重要的地位，发挥着十分重要的作用。解决好基础学习小组读书会在组织学习开展过程中遇到的问题，是十分有利于社团未来的发展的。笔者在参与活动的过程中，主要看到了以下两个问题。这两个问题虽然看起来不大，但是直接影响到了读书会学习的效果，因此，是十分重要且亟待解决的问题。

第一，读书会内部的讨论气氛问题。在读书会刚开始组织活动时，由于同学们本身相互并不是很熟悉，一些新成员也会拘于有老成员的压力而并不太愿意发表自己的观点，因此，在读书会组织上遇到的首要问题就是读书会气氛压抑，大家发言并不积极。由于大部分成员的发言并不积极，导致了读书内容不得不由组织者来完成，整个读书活动主要由组织者来讲解，学习讨论变成了学习课程。然而理论学习本身就枯燥，如果只有少数几个组织者的讲解，其他成员无法参与，成为听众，显然大家很快就会失去兴趣，也就越来越不积极思考、越来越不积极发言。同时，部分读书会中的组织领导者——骨干成员对讨论交流形式的把握也并不充分，对于讨论这一形式的理解有着一定的误解。一开始，新成员在读书会中发表自己的意见或者看法包括疑问，部分骨干成员就会立刻以解答的方式进行回复或者反驳。抑或者是，在有些情况下，当某位同学坚持自己的观点的时候，其他同学包括一些骨干成员会表示这样的看法过于简单幼稚，马上与该同学阐述一些有明显政治倾向的观点并予以反驳和解释。在这样的情况下，读书会变成答疑解惑会，变成了辩论会。读书会大部分时间变成了骨干成员"纠正"新成员思想的答疑解惑会，这使得新成员可能感受到自己的意见不受到尊重而不想发言，不愿意发言，几次学习之后，新成员或者没有兴趣再次参加，或者就会过分依赖老成员，直接听取老成员的教导意见即可，无须自己再思考，从而读书会失去了交流的气氛。读书会的交流，应当是在所学材料的基础上，成员平等发表意见，提出问题，大家相互解答，而不应该是部分骨干成员不自觉的居高临下的教导，否则这样的氛围会使读书会变得死气沉沉，难以继续。事实上，新成员的提问、意见，都代表了新成员在这个问题上有所思考，老成员应该积极鼓励他们提出问题和意见，不用急于反驳，平等交流就是最好的方式。

第二，读书会的材料组织问题。读书会的学习是否有效果，关键在于学习材料。参与人能否完全消化材料中的内容，关系到读书会进行过程中的讨论效果和最终的学习效果。在读书会刚开始组织学习的时候，相关主题的学习材料一般多于 20 页，包含的内容十分丰富。对某一社会问题，既包含了其发展的历史过程，也包含主要专家对其分析的文章。读书会的材料较多，内容理论性强，难以消化，是新成员面临的最大的问题。一方面，一般来说新成员主要为大学一年级新同学，平时课业十分紧张，并没有相当量的时间来阅读过多的学习材料。另一方面，部分大学一年级新成员对马克思主义理论了解甚少，一些学生在高中期间没有系统学习过政治课程，对相关的理论知识的掌握实际并不够，对于一些理论性较强的文章并不能完全看懂和掌握，从而影响了新成员对材料阅读的兴趣。课业一繁忙，新成员忙于作业和学习，读书会的材料又如此丰富，甚至难读，一些新成员就草草看过，应付了事，甚至完全不看，直接到读书会上再阅读，这样一来，反而无法达到学习的效果。此外，读书会进行的过程也主要依靠于学习材料，由于大部分读书会成员并未阅读完材料甚至根本没有阅读过，即使读过的成员往往也只是草草翻阅，没有深入思考，因此读书会在一开始的某些阶段甚至只能对材料进行阅读和讲解，对每一部分的讲解大量消耗了读书会的有限时间，尽管如此也常常无法完成材料的学习内容，使得学习效果大打折扣。同时，未仔细阅读学习材料的同学对问题的把握与阅读过学习材料的同学有明显差异，一部分未仔细阅读过学习材料的同学由于对所学内容把握不准，本来就很难进行深入思考，在那些阅读过学习材料的同学的对比下，也就更不愿意发言，或者言不达意，讨论的内容产生了偏差，又使得读书会不得不针对材料内容重新进行讲解，以使讨论可以正常进行下去。长此以往，能够仔细阅读学习材料的同学也就越来越少，同学参加读书会的热情也由于读书会过于依赖材料而逐渐冷淡下去，一部分同学甚至退出了读书会。这样的恶性循环，对读书会来说是十分不利的，因此，读书会对材料的选择还是有待商榷的。

由于以上两个问题的存在，Q 学社在发展壮大方面一直不尽如人意。虽然招新时总能吸引不少新鲜血液加入，但一个学年的活动下来，能留下来的新成员比较少，加上老成员由于毕业等原因退出，社团规模一直较小，发展相对较为缓慢。

三、社会实践的组织

除读书会之外，社会实践也是 Q 学社活动的最重要环节。在学社组织社会实践的过程中，主要思考的问题是实践的定位及目的。同时，对实践过程中遇到的问题，对于实践活动的总结，也有一定的思考。Q 学社组织的实践活动主要是社会调研类实践活动，包括工地探访、老国企调研、当代新生代工人调研、集体经济村庄及组织调研等。

社会实践所暴露出来最主要的问题是老成员的"一手包办"问题。所谓"一手包办"，也就是说社会实践活动的联系、组织、参与，整个流程都由老成员负责完成，而新成员只需要到达社会实践现场即可，对社会实践的组织流程不清楚，甚至有些对社会实践的目的都不甚了解。社会实践作为社团的重要活动，一般会由社团骨干带组，几个老成员和新同学共同组成社会实践小组，一起参加实践。随着社会实践的时间与次数的增加，骨干同学对实践内容、目的、方案、流程都有着清晰的认识。在实践过程中，由于社团骨干成员对社会实践内容的完全了解，因此会针对这样的社会实践，给未参加过或者参加次数较少的新同学进行全面深入的讲解，告诉大家通过本次实践需要认识到什么，达到什么目的，每一天的工作内容、工作方法，访谈的具体提纲等。这样虽然能使实践队成员快速了解实践，但新成员却缺少了自我思考、体验的过程，久之，同学们也出现了逆反心理，社会实践变成了社会实践课程，一些新成员反而对社会实践走马观花，影响了社会实践的最终效果。社会实践的效果打了折扣，实践检验真理的效果同样也就打了折扣。通过实践反映到理论学习上，同样有理解不深入、不透彻的问题，这就影响了社团整体的活动效果。因此，笔者认为，社会实践的整个组织过程应当采用"传帮带"的模式，由老成员带领新成员一起联系、组织、设计、思考，并最终实施。这样，在实践的过程当中，新成员对实践内容有了深入的思考和认识，对实践的结果也有清晰的获得感，同时反映到读书会上，对读书会学习的内容也就有了更深刻的理解。

综上所述，随着社团活动的开展，社团分工越来越细化，组织建设也暴露出一些问题，主要体现在社团的管理组织、理论学习的组织以及社会实践的组织三个方面。这些问题或多或少地影响到了社团活动的开展过程和开展效果，值得社团领导者注意。

本章小结

在本章节，主要讨论了现阶段社团所面临的困难。现在的 Q 学社，虽然发展势头良好，但在笔者参与活动的过程中，也发现了一些问题。这些问题仅作为笔者的个人观点，仅供参考。

（1）定位问题。

明确社团及社团成员的定位，有助于社团的健康发展以及作用的实现。在 Q 学社的发展过程中，其目标定位和思想定位、实践定位、骨干成员自我定位等方面都暴露出了一定的问题。作为一个实质上的学生理论社团，Q 学社有着一定的思想倾向。然而，笔者观察发现，社团的个别成员有向极"左"发展的倾向。这一倾向十分值得注意，应该避免。社团实践的功能是明确的，但关于谁是第一位，哪个是首要目的的问题，社团骨干成员一直都在讨论。同时，骨干成员作为加入社团较早、理论知识较深的成员，个别骨干成员有些许自我膨胀的现象发生，因此，社团骨干成员如何自我定位，对社团的发展有着极其重要的意义。

（2）组织问题。

随着社团活动的开展，社团分工越来越细化，组织建设也暴露出一些问题。虽然部门之间是平等关系，部门负责人之间可以沟通社团事务工作，但如果不能合理、恰当地组织活动，实现活动的目的与作用，活动就形式化、机械化了。主要体现在社团的管理组织、理论学习的组织以及社会实践的组织三个方面。社团的管理组织方面，主要体现在信息对称问题、骨干成员组织管理能力培养的问题以及后继者的选拔三个方面。在理论学习的组织上，主要问题集中在读书会内部的讨论气氛问题和读书会的材料组织问题上。社会实践的组织方面，问题主要体现在虽然在社会实践的过程中，实践队的骨干同学会结合实践内容给新同学讲解，但新成员缺少了自我思考的过程。

注　释

[1]　参见 1957 年 11 月 17 日毛泽东主席在莫斯科大学礼堂接见中国留苏学生代表时的讲话。

第六章

社团的未来发展与价值启示

　　笔者研究了 Q 学社从成立之前到成立两年有余的发展建设情况。社团的发展虽然初衷和执行都有其显著的特点，也产生了十分明显的效果，但在社团的发展过程中，已然暴露了一些问题。对于这些问题，笔者尝试给出一些建议和看法，同时也对 Q 学社对其他类似的理论性社团组织管理方面的借鉴意义以及对高校大学生思想政治教育上的一般意义进行相关阐述。

第一节　未来发展

　　Q 学社以及类似 Q 学社这样的内生型大学生理论社团无疑是有着巨大的发展潜力的，然而要让这样的社团健康发展、发扬壮大，成为高校大学生思想政治教育的一股特色力量，就要先克服其现阶段所暴露的问题。笔者认为，或许可以从以下几个方面入手。

一、社团活动的改进

　　第一，对读书会的改进。2018 年 5 月 2 日上午，习近平总书记造访即将迎来 120 周年校庆的北京大学。在马克思主义学院，习近平与正在围绕"解读新时代"座谈的中外学生互动交流。有同学问，"您是一个坚定的马克思主义者，您学习马克思主义有什么好的方法？"习近平说，"那时候我读了一些马列著作，

15 岁的我已经有了独立思考能力，在读书过程中通过不断重新审视，达到否定之否定、温故而知新，慢慢觉得马克思主义确实是真理，中国共产党领导确实是人民的选择、历史的选择，我们走的社会主义道路确实是一条必由之路。这种通过自己思考、认识得出的结论，就会坚定不移"。可见，坚持读书会的活动，对于大学生思想政治建设而言，是十分重要的，也是十分有意义的。

然而，刚加入社团的新同学，最初还谈不上理论的学习，仅仅是对社会现象的描述与探究，基本来源于自我的生活体验，来源于自己简单的分析。参加读书会的新同学，会讨论一些当下社会热点与突出的社会问题。对于新同学来说，最重要的是能在读书会中发表自己的观点，而不仅仅是听其他同学的观点。读书会始终坚持以讨论促交流、以交流促进步的学习模式。它不是一般形式的灌输模式，而是让同学在思想的碰撞中，寻找矛盾所在，进而加深对问题的把握与理解。

因此，在读书会的选题方面，应当有所筛选。每个同学都来自不同的家庭，有着各自不同的成长背景。在基础学习时期的读书会，应当选取一些能够引起大家共同关注和思考的材料，选择一些比较常见的社会问题进行切入分析。而比较专业或者抽象的议题或历史问题，则不太适合基础小组的讨论学习，这些可以放到以后的专题学习中进行讨论分析。对于基础小组的学习，一般可以选择三农问题、教育问题、就业问题等当前的常见问题，也可以选择当前的时事热点问题进行分析讨论。此外，社团应当设法改变读书会的气氛，形成由灌输到引导的带组模式，改变骨干成员与新成员不平等的交流关系，从而使读书会的讨论学习更加热烈，产生更好的效果。

同时，对读书会中某一问题的讨论，不要过分强调结论性，而要重视过程分析。读书小组的带组人以及参与到读书会中的骨干成员应当站在新成员的角度上思考问题，通过引发新成员对问题矛盾的探寻，应用矛盾分析方法去分析和引导，分析过程本身就包含了问题发展的方向与其将要产生的结论。对于基础学习小组来说，新成员是读书会的主体。因此，以新成员的角度去组织读书会，可以打破骨干成员与新成员的不对等关系，这是解决读书会气氛的办法。

　　针对学习材料过多、同学来不及学习的问题，也应当引起思考与讨论。不妨根据之前读书会的经验，由社团骨干成员对读书会的材料进行调整和修改，将基础学习小组读书会的学习材料变为若干简单引入主题的浅显的文章，内容也缩减为以前的二分之一。读书会的讨论应当以学习材料作为引导，而放开材料进行自由讨论。这样围绕主题的讨论范围更广，新成员也可以更多地发表自己的见解。

　　在 Q 学社成立之初，就有一部分同学对社团活动有形式取代内容的担忧。因此，为了提高读书会的实效，应当注意以下几点。

　　首先，要同时防止两个倾向：赶进度的倾向和纠缠于细节的倾向。仅仅为了完成学习而学习，一味赶进度，问题没有讨论清楚，会员也就会感到收获较少或者没有收获；过于纠缠细节问题，而忽略了主要讨论的问题，基本的脉络没有明确，也就达不到该次学习的主要目的。因此，带组人需要认真准备，详细阅读学习材料，真正掌握该次学习的主题，提前预想在学习讨论过程中可能出现的一些问题，以及学习小组成员容易提出的观点、疑问，从而确定学习的顺序，防止这两个倾向。

　　其次，在每次学习讨论过后，进行总结和归纳。在这一点上，可以采取求同存异的方式，明确大家的共识和分歧，提出还要解决的问题。在学习讨论期间，带组人需要对讨论过程进行简单的记录，读书会结束之后对其进行整理，一方面总结学习讨论的收获，另一方面也可以对以后的学习讨论提供方向和建议。

　　再次，对于一些带组人并不熟悉的讨论话题，带组人除了自己抓紧时间学习准备之外，也可以邀请一些对于该话题比较了解的同学参与，共同引导学习讨论。带组人可以与该同学提前进行讨论，共同把问题研究透彻，或者邀请其共同参与读书会，一起引导小组成员的学习和讨论。

　　最后，读书会的带组人应当敦促本组同学阅读相关方面的书籍和材料，可以在每次学习之后推荐与本次学习主题相关的补充材料和书籍，以及与下次学习主题相关的材料和书籍。督促本组同学通过自己的阅读和思考，真正掌握学习内容。同时，也可以防止本组同学机械地接受他人观点，促进本组同学积极思考。

第二，对社会实践的改进。2014 年 5 月 4 日，习近平在北京大学师生座谈会上解读社会主义核心价值观。在会上，习近平同志指出："每个时代都有每个时代的精神，每个时代都有每个时代的价值观念。在当代中国，我们的民族、我们的国家应该坚守什么样的核心价值观，这个问题是一个理论问题，也是一个实践问题。道路自信、制度自信、理论自信，根本的是文化自信。"由此可见，践行马克思主义的世界观和方法论、践行社会主义核心价值观，是实现我国社会主义建设和目标的重要内容。因此，参与社会实践也是大学生认识世界的重要方式之一。Q 学社十分注重社会实践，但在操作过程中也暴露出了不少问题，针对这些问题，笔者提出了一些改进建议。

首先，要明确实践的目的，不是为了实践而实践，也不是为了完成学分而实践。Q 学社的社会实践既有日常实践，又有假期实践。这些社会实践活动对于大家认识社会有着十分重要的帮助。然而，也不乏一些同学，抱有一些其他目的参与社会实践活动，比如说为了获得社会实践的学分，又或者是为了所谓的离开学校出去"玩一圈"等。获得社会实践学分、通过社会实践活动扩大朋友圈等，只是社会实践的附加效果，而社会实践的主要目的依然是认识社会、了解社会。因此，对于这样一些对社会实践活动抱有不正当态度的同学，实践的组织者、领导者或者社团的领导者应当及时发现，及时引导。实践的首要目的是锻炼与培养同学，让同学们在实践中认识社会，检验学习的理论知识，并且加深对知识的理解和认知。社会实践让同学们先从感性上认识社会，引发大家的进一步思考。进而，带着这种思考，才能继续上升到对社会的理性认识，才能仔细分析所学到的理论知识，并且再次用理论知识指导实践活动，才有可能进一步在实践中有所作为。而明确了实践的目的，让每一个参与实践的同学理解实践的目的，社团也就可以放开手脚，充分组织社会实践；同时，同学们自身也放下了包袱，端正了实践的态度，实践的积极性也会有很大的提高。

其次，对社会实践过程中遇到问题的解决方式可以有所改进。对于新参与社会实践的同学来说，没有经验，无疑会遇到很多问题；而对于社团的老成员来说，虽然多次参与了社会实践，但在不同的社会实践过程中同样会遇到新的问题。这些问题，或大或小，或涉及实践过程本身，或涉及实践的内容和结果。无论是什么样的问题，都需要解决。除了社会实践本身的操作性问题，同学们在社会实践过程中，会遇到很多实际问题，的确需要社团的骨干同学去解答。但是，这并不代表骨干同学可以包办实践中所有问题的讲解工作，更多地应该是所有参与的同学一起思考、一起讨论，并根据所学理论知识，得到一个相对较为合理的答案。而骨干同学一手包办，回答社会实践过程中遇到的所有问题，对其他同学来说，不需要思考的过程，只是接受的过程，对于社会实践的效果而言，就大打折扣了。因此，同学们必须自己有疑问后，再与骨干成员交流，有思考后，再开会讨论。实践的问题，可以在实践中解决。多倾听同学们在实践中的所思所想、所见所闻，发挥同学们的主观能动性。让同学的自我认识与骨干成员的客观引导很好地结合起来，才能真正达到实践的目的。同时，可以在实践之前让实践队伍的成员充分讨论，并在实践过程中积极思考，共同讨论实践中遇到的问题，而不是采用骨干"包办制"。

二、内部建设的改进

虽然社团的组织架构已经建立，但组织架构是服务于社团宗旨的，并非不能调整和改进。如何让组织建设与培养人的过程结合起来，是组织建设的一个重要问题。组织建设是通过外在的形式，来提高整体的行为效率。行为的目的是什么，这是要时刻谨记的，社团的最终目的就是培养人。因此，要将培养人才和组织建设联系起来。

第一，必须把握社团发展的方向与路线，形成恰当的发展思路。目前，社团已经暴露出个别思想过于极端的倾向，在维稳的校园大环境下，这是极其危险的。过于极端的思想，也会偏离正确的思想意识状态，这对同学的现状及未来的发展都是有着重要的影响的。对于提出不同思想意见的同学，骨干成员需要认真听取他们的意见，通过不断学习、讨论，不断改进自身与社团成员的思想意识形态，并依托社会实践活动，将其巩固和发展。只有这样，社团和社团成员才能在正确的道路上带领同学们共同学习、共同进步。同时，对于一些较为激进的思想内容，社团及社团成员也要注意克服。社会允许多元化的意识形态存在，但对于大学生而言，过于激进的思想状态会使得他们变成"愤青"，甚至难以接受不同的意见，对于持有不同意见的个人，往往会选择避开，而不是采取讨论的态度与对方进行商榷。这对大学生自身的世界观、人生观和价值观也是有一定的不利影响的。对于较为激进的思想内容，建议社团有所保留，让社团成员随着时间的考验、知识和认知的深入，通过实践的检验，获得较为正确的看法。大学生的思想认识有一定的局限性，对于一些看似合理的、较为激进的思想内容，如果不加思考就加以宣传，这在一定程度上会影响到个人和社团本身的发展。因此，社团应当把握好相关的发展策略，对于内部的同学有一个思想的统一，对不同的思想内容批判地吸收，而社团的外在表现应有所收敛，这既是保护社团自身的重要途径，也是让社团成员尽快成熟、成长的重要方式。

第二，利用现代技术加强宣传力度，保证信息公开对称。社团虽然建立了 Colorwork 社区群，建立了 QQ 群等沟通平台，但在这些平台上活跃的仍然只是部分同学，对全体成员的积极性仍然需要调动。同时，由于新媒体的发展十分迅猛，很多社交平台在短期内成为热点，又迅速消亡。因此，要充分利用这类社交媒体的发展优势，建立高效、多样的交流互动平台，合理运用平台的优势科目，达到事半功倍的效果。要更多地运用热点媒体软件扩大社团的影响力，而对一些较为冷门的多媒体平台，一些显然已经不适用于社团宣传、组织、学习工作的多媒体平台，应当适当弃用，选择好用、有用、使用范围广的多媒体平台，保持工作的效率和效果。此外，可以利用这些多媒体平台，对于社团的相关信息予以及时公开，对社团活动的进行状态给予及时公布，对社团的各方面内容需要公开的尽快公开公布，通过这样的方式弥补社团不同层面成员之间的信息不对称为题，保证社团工作及时有效地开展，确保社团活动的效果。对于多媒体平台的应用，既要充分运用于社团的发展、活动宣传工作、学习讨论平台，也要成为社团成员内部生活建设的有力工具。通过在多媒体平台上的沟通，加强社团内部成员的联系，增加同学们之间的相互熟悉程度，同时，对一些社团的内部建设活动，可以在此类平台上进行讨论、组织、宣传、报名等工作，既充分利用了多媒体平台的快速、实效性，又增加了团队成员的联系，有利于骨干成员和社团普通成员之间友谊的增加，也有利于社团活动和理论学习的沟通与开展。

第三，加强组织内部成员理论学习，提高成员理论水平。社团成员的理论水平，尤其是社团核心成员的理论水平，影响到社团未来发展的定位和方向。社团的事务性工作的开展，同样离不开社团成员对其的认识和理解。能够认识到社团定位的同学与没有认识到社团定位的同学，对事务性工作的把握是不同的。对于 Q 学社这样的社团而言，其主要工作在于理论的学习、思想的碰撞、实践的探索，因此不要过分追求事务性工作的结果，而是要在做事、做活动的过程中，使每一位同学都可以得到锻炼，都能在活动的进行中获得新的技能、得到新的认识。对于学生社团而言，培养人是贯穿在事务性工作的过程中的，只有每个成员不断在社团活动、社团事务中学习、磨炼，同学们在经历成功与失败的反复中，才能得到锻炼与提升。鼓励社团成员参与社团事务性工作，不仅可以学习到事务性工作对于社团的意义，而且能够很好地处理社团内部同学的关系，以及增强与社团外部人员沟通的能力。这一切，都有赖于社团成员的理论水平的提升。理论水平较高的社团成员更容易获得社团其他成员的认可，开展工作、学习的过程也更加顺利，其在锻炼其他能力方面也就更容易。因此，加强组织成员内部的理论学习，提高社团成员的理论水平，是从根本上解决社团凝聚力、组织力、发展力和影响力的重要措施。提高社团的理论水平，有利于社团的发展，使得社团不随波逐流，提升社团的综合实力，才能不让社团逐渐消失在学校的众多社团之中。

第四，加强组织内部的民主建设，促进成员能动性。社团民主建设是保证社团组织建设健康运行的必要手段。对于 Q 学社而言，社团的权力机构为执委会大会，大家在执委会大会中享有平等的一票投票权。每个人的意见或者建议可以在执委会大会中提出，并得到充分讨论。但是，由于学社的组织建设是二元结构，理事会与执委会并存，同为权力机构，这样一来，大家在一些事情的态度上，会出现保留态度，一些执委会成员对所谓元老级人物的理事会成员的影响力心存畏惧而不愿提出自己的观点。这样的保留意见成为社团在发展上的桎梏，局限了社团的眼界，影响到社团未来更好更快地发展。因此，笔者认为，可以去掉理事会，并入执委会，统一把权力放到执委会中，所有的重大决策、重要决定，都放在执委会中，民主讨论决定，让每个执委会成员在地位上首先获得平等，才能充分发表自己的意见，表达自己的观点。这样的组织形式，可以避免某个或者某几个人对社团的发展产生决定性影响，也大大增加了每一位同学在社团中的积极能动性。如果一定要设理事会，则可以将理事会视做顾问机构，没有决策权力，理事会成员和社团普通成员一样发表观点和意见，但理事会成员发挥顾问作用，对社团活动提出指导性的意见和建议，由执委会充分讨论理事会顾问的意见和建议，最终决定同样由执委会根据社团发展需要做出并承担一切后果。如此，可以充分发挥社团每个成员的积极性、主动性，为社团建设和发展建言建策，避免"一言堂"，也避免了元老成员对社团的绝对影响力。

第五，加强骨干成员的组织管理能力培训，提高骨干成员综合实力。骨干成员的组织管理能力，作为社团骨干成员的综合实力的一部分，对社团的组织效率、活动开展的效果有着重要的影响。对于 Q 学社这类"有个性"的社团来说，对事务性的工作容易存有一定的偏见。每年学校都会组织针对社团负责人的组织管理能力培训，而一些成员对于这样的培训持不屑的态度，并未真正参与其中，有的只是签个到，甚至对培训内容不置可否。诚然，这类培训活动的内容并不是全部有效，但是有必要选取合理合适的内容进行吸收和应用。社团领导者的组织管理能力，直接影响了社团工作的效率，而通过参与这样的培训，可以拓宽社团未来的组织者、领导者的思路，找到适合社团自身发展的新途径，因此，不应当一味排斥。笔者认为，既然 Q 学社这样的社团，决策者是一个团队，不如让整个团队共同参加组织管理能力的培训，每个成员通过不同的角度获得不同的收获，再由骨干成员进行讨论，对有分歧、有意见的内容进行探讨，取其精华、去其糟粕，对社团未来的发展不失为一个重要的帮助。同时，通过参与这样的培训，也可以直接解决一些社团成员由于局限性而在短期内无法解决的问题，对社团发展起到一定的作用。此外，对于培训中一些无效的内容，社团成员通过批判、探讨，获得更有效、更有意义的方案，对社团成员同样是一种提升，对社团发展同样起到了积极的作用。因此，社团应当积极组织、参加骨干成员的组织管理能力培训，而不是一味排斥、"自立门派"。

综上所述，虽然 Q 学社有着很大的发展潜力，但未来有必要在社团活动方面对读书会和社会实践进行进一步的改进和调整；在内部建设方面，可以从把握社团发展方向、保证信息公开透明、加强内部学习和民主建设、提高管理能力等几个方面进行规划和改善。

第 二 节　价 值 启 示

现代社会，随着大量西方思潮的涌入，西方国家西化、分化我国的策略开始显现效果。受这些思潮影响的人更多关注的是金钱、财富，鼓吹"宪政""民主"，质疑马克思主义，对西方国家趋之若鹜，甚至有部分人对马克思主义嗤之以鼻。在这个时候，大学生自发组织起来，共同学习马克思主义理论，抵制西方错误思潮对大学生的侵蚀，将理论付诸实践，用实践检验真理非常必要。这样一批内生型大学生理论社团的成立，显示了马克思主义的生命力。他们坚定地站在马克思主义的立场上，积极奋进，为马克思主义的传播贡献着自己的微薄之力。

这类内生型大学生理论社团的存在，对一部分大学生的思想状况产生了极其重要的影响。他们共同学习、共同思考、共同体验，用自己的切身感受，接纳马克思主义，并主动学习马克思主义。他们把宣传马克思主义作为己任，关注工人、关爱农民，积极把学习所得运用到实际生产生活中去，他们到工厂做过临时工，他们到国企老工人处进行过调研，他们用自己的行动，践行着马克思主义。他们的出现，吸引了一批又一批对马克思主义有着极大兴趣的同学们，他们共同讨论社会现实，共同学习马克思主义理论，共同为社会主义的建设添砖加瓦。

一、对大学生理论社团建设的启示

1939 年 5 月 30 日，庆贺模范青年大会在延安召开。毛泽东在讲话时说，"中国的青年运动有很好的革命传统，这个传统就是'永久奋斗'。我们共产党是继承这个传统的，现在传下来了，以后更要继续传下去"。2018 年 5 月 2 日，在北京大学的师生座谈会上，习近平总书记引用了这篇《永久奋斗》的讲话。他这样召唤中国当代青年："在奋斗中释放青春激情、追逐青春理想，以青春之我、奋斗之我，为民族复兴铺路架桥，为祖国建设添砖加瓦。"2013 年 5 月 2 日，在给北京大学考古文博学院 2009 级本科团支部全体同学回信中，习近平总书记指出："只有把人生理想融入国家和民族的事业中，才能最终成就一番事业。"2013 年 5 月 4 日，习近平同各界优秀青年代表座谈时的讲话中再次指出："理想指引人生方向，信念决定事业成败。没有理想信念，就会导致精神上'缺钙'。"2014 年 5 月 4 日，习近平同志在北京大学师生座谈会上的讲话中又一次指出："有信念、有梦想、有奋斗、有奉献的人生，才是有意义的人生。当代青年建功立业的舞台空前广阔、梦想成真的前景空前光明，希望大家努力在实现中国梦的伟大实践中创造自己的精彩人生。"大学生是祖国未来建设的栋梁，是新时代中国特色社会主义事业的建设者，大学生的理想信念状态、思想理论水平影响着我国的社会主义建设事业，大学生理论社团，则一定程度上肩负着大学生思想理论水平的培养重任。从内生型大学生理论社团的研究，我们可以对其他大学生理论社团起到指导、借鉴的作用，并由此促进大学生理论社团的发展。

第一，抓住核心带头人，把握思想方向。思想理论是一个社团的灵魂。而人，是一个社团组织构建的核心。社团的发起人、带头人在社团的构建过程中起着十分重要的作用，他们把握着社团的灵魂，决定了社团的定位、指导思想、组织形式等多方面的内容。社团的核心带头人以及核心成员小组，影响着社团的未来和发展，对于核心带头人的思想意识形态，社团必须要注意培养，确保社团走在正确的方向和道路上。因此，社团要注重培养每一届的新的带头人，通过一届一届的传递，坚持正确的方向和道路，弘扬和发展马克思主义。在社团一届一届的发展中，必须注重发掘核心人才，他们应该有着坚定的马克思主义信仰，同时有一定的组织管理能力，能够正确把握社团的前进方向，带领社团健康发展。只有这样，社团才能在众多学校社团中，发挥其重要的影响，发挥其越来越重要的作用，成为一个有价值的学生社团，而不是一个学生"玩耍"的平台。

第二，争取有利支持者，开拓活动资源。支持者，不仅仅是社团的内部成员，同样也有校外的各类人员。除了在学校内部不断发展壮大，吸引志同道合的同学参与到社团的组织、学习、活动、发展中来，也要注意整合校外的有利资源。学生理论社团要努力获取校外社会组织、专业教师的支持，才能使社团成员的思想意识、理论水平产生显著提高。同时，社会组织、专业教师对于社团建设的意见、建议和帮助，对社团的健康发展也有着具体的实际意义。对于社团的内部成员，更要努力获取他们的支持。如果说有些成员在加入社团之前对马克思主义仍然将信将疑，那么社团的主要工作目的之一就是要坚定他们的政治信念，通过对马克思主义的学习，获得他们的支持，并在成员中培养新的骨干成员。此外，社团还要努力争取学校领导、学生辅导员的大力支持。思想政治教育作为学校工作的重要内容，理应得到学校的支持。而且，学生社团存在于学校当中，需要占用学校的资源，因此，争取学校领导、辅导员的支持，可以方便社团开展活动，获取丰富的资源。与此同时，社团也要注意自身的言行，举办活动时也要注意意识形态的敏感性，避免引起不必要的麻烦，避免对成员自身、社团发展产生不利的影响。

第三，合理利用校内外有效资源，掌握学习材料。理论社团的构建与发展，离不开校内外的资源支持。高等学校有着丰富、优质的学习资源，利用好这些资源，既有利于社团自身的发展，也有利于社团成员的成长和学习。对于理论社团来说，理论学习需要学习材料，学习需要场所，这些都必须来自校内外的资源提供。从校内的角度而言，社团可以依托五门学校思想政治理论课程（"思想道德修养与法律基础"课程、"马克思主义基本原理"课程、"中国近现代史"课程、"毛泽东思想与中国特色社会主义理论体系概论"课程以及"形势与政策"课程），利用本校思想政治理论课教师所提供的学习资料，加深与思想政治理论课教师的联系，通过与他们的沟通、学习，深入学习马克思主义。同时，还可以与学校马克思主义学院建立联系，通过与马克思主义学院的学长共同探讨，加深对马克思主义理论的认知，纠正错误观点，把握社团的发展方向。从校外资源的角度而言，可以通过与思想政治理论课教师推荐的业界著名学者建立联系，请求他们共同参与指导和帮助，同样，也可以通过这些知名学者的帮助，获取重要的学习资源，共同学习、共同探讨、共同进步。通过这样的"滚雪球"的方式，丰富社团学习资源，增强社团的竞争力，促进社团的发展。

第四，选择恰当的活动内容和形式，发掘优秀人才。活动作为社团实现效用的载体，在社团建设中有着十分重要的意义。社团活动既是宣传社团本身的重要平台，也是宣传马克思主义理论的重要依托，更是社团发掘优秀人才、寻找志同道合的同学的重要途径。一场活动的好坏，既影响到理论学习的效果，又影响着社团自身的宣传效果，也影响着社团成员对社团去留的思考。因此，社团应当重视每一次活动，把每一次活动都办好，力争把每一次活动都办成精品活动，既让人印象深刻，又让人受益匪浅。社团应当把自己的优势活动项目打造成自己的品牌，既扩大了自身的影响力，又宣传了马克思主义理论，更吸引了志同道合的同学的参与，一举多得。因此，理论社团应当积极思考，怎样举办优质活动，而不是流于形式、流于表面；怎样吸引更多的同学关注到社团的活动中来，而不是拿个学分、凑个热闹；怎样使参与活动的同学有更大的收获，而不是为了办活动而办活动、为了出政绩而办活动。社团的活动，既不能为了活动效果而丧失自己的立场，也不能因为坚持己见而丧失群众基础。每一个活动都需要精心设计与讨论，既要坚定维护自己的立场，也要能够吸引普通同学参加，扩大社团的影响力和影响范围。

第五，建立统一的思想战线，携手开创未来。一个社团并不能孤立地存在于学校之中，它必然与其他社团和领导、老师有着一定的联系。与其他社团的合作，有利于社团找准自身位置，看清自身发展的瓶颈，并且在问题中寻找出路，探索新的、更有效的工作和发展模式；与学校领导、老师的联系，有利于社团获得适用于自身发展的资源、理念、方式和路径，通过与领导、老师的学习、讨论，共同为社团的未来发展寻找更优化的道路，培养更优秀的青年，这是学校建设的目标，也是社团自身发展的历史使命。同时，对于校外同类型的社团，与之建立联系，有利于社团看清自身的缺点和弱势，发扬自身的优势，通过兄弟社团之间的合作共同举办活动，不断地取长补短，同兄弟社团共同发展，共同进步，共同学习马克思主义基本理论，共同参与社会实践活动，通过不同的角度认识世界，共同为新时代中国特色社会主义建设添砖加瓦。因此，理论社团必须注重与其他社团和学校领导、老师的联系，并争取到领导和辅导员的支持。通过这样的统一战线的建立，既保证了社团自身存在的合法性，又可以在社团的活动审批、场地借取等方面有所便利，便于自身开展活动。对于其他同类社团，可以争取合作，吸收他人的长处，避免他们的不足，携手发展，共同进步。

二、对高校大学生思想政治教育的启示

马克思主义的世界观、人生观、价值观和方法论是我党思想政治教育工作的最根本的内容，也是我国开展高校大学生思想政治工作最主要的理论依据。2016 年 12 月 7 日至 8 日，全国高校思想政治工作会议在北京举行。习近平同志指出：办好我国高等教育，必须坚持党的领导，牢牢掌握党对高校工作的领导权，使高校成为坚持党的领导的坚强阵地。党委要保证高校正确办学方向，掌握高校思想政治工作主导权，保证高校始终成为培养社会主义事业建设者和接班人的坚强阵地。各级党委要把高校思想政治工作摆在重要位置，加强领导和指导，形成党委统一领导、各部门各方面齐抓共管的工作格局。习近平强调，要教育引导学生正确认识世界和中国发展大势，从我们党探索中国特色社会主义历史发展和伟大实践中，认识和把握人类社会发展的历史必然性，认识和把

握中国特色社会主义的历史必然性，不断树立为共产主义远大理想和中国特色社会主义共同理想而奋斗的信念和信心；正确认识中国特色和国际比较，全面客观认识当代中国、看待外部世界；正确认识时代责任和历史使命，用中国梦激扬青春梦，为学生点亮理想的灯、照亮前行的路，激励学生自觉把个人的理想追求融入国家和民族的事业中，勇做走在时代前列的奋进者、开拓者；正确认识远大抱负和脚踏实地，珍惜韶华、脚踏实地，把远大抱负落实到实际行动中，让勤奋学习成为青春飞扬的动力，让增长本领成为青春搏击的能量。

习近平指出，做好高校思想政治工作，要因事而化、因时而进、因势而新。要遵循思想政治工作规律，遵循教书育人规律，遵循学生成长规律，不断提高工作能力和水平。要用好课堂教学这个主渠道，思想政治理论课要坚持在改进中加强，提升思想政治教育亲和力和针对性，满足学生成长发展需求和期待，其他各门课都要守好一段渠、种好责任田，使各类课程与思想政治理论课同向同行，形成协同效应。要加快构建中国特色哲学社会科学学科体系和教材体系，推出更多高水平教材，创新学术话语体系，建立科学权威、公开透明的哲学社会科学成果评价体系，努力构建全方位、全领域、全要素的哲学社会科学体系。要更加注重以文化人以文育人，广泛开展文明校园创建，开展形式多样、健康向上、格调高雅的校园文化活动，广泛开展各类社会实践。要运用新媒体新技术使工作活起来，推动思想政治工作传统优势同信息技术高度融合，增强时代感和吸引力。

习近平强调，高校思想政治工作关系高校培养什么样的人、如何培养人以及为谁培养人这个根本问题。要坚持把立德树人作为中心环节，把思想政治工作贯穿教育教学全过程，实现全程育人、全方位育人，努力开创我国高等教育事业发展新局面。

习近平强调，我们的高校是党领导下的高校，是中国特色社会主义高校。办好我们的高校，必须坚持以马克思主义为指导，全面贯彻党的教育方针。要坚持不懈传播马克思主义科学理论，抓好马克思主义理论教育，为学生一生成长奠定科学的思想基础。要坚持不懈培育和弘扬社会主义核心价值观，引导广大师生做社会主义核心价值观的坚定信仰者、积极传播者、模范践行者。要坚持不懈促进高校和谐稳定，培育理性平和的健康心态，加强人文关怀和心理疏导，把高校建设成为安定团结的模范之地。要坚持不懈培育优良校风和学风，使高校发展做到治理有方、管理到位、风清气正。

习近平指出，思想政治工作从根本上说是做人的工作，必须围绕学生、关照学生、服务学生，不断提高学生思想水平、政治觉悟、道德品质、文化素养，让学生成为德才兼备、全面发展的人才。

习近平总书记十分重视青年的培养，尤其是青年思想政治教育工作。2018年5月2日，在北京大学师生座谈会上的讲话中，习近平同志指出："当代青年是同新时代共同前进的一代。我们面临的新时代，既是近代以来中华民族发展的最好时代，也是实现中华民族伟大复兴的最关键时代。广大青年既拥有广阔发展空间，也承载着伟大时代使命。"2015年7月24日，习近平致全国青联十二届全委会和全国学联二十六大的贺信中强调，"当代中国青年要在感悟时代、紧跟时代中珍惜韶华，自觉按照党和人民的要求锤炼自己、提高自己，做到志存高远、德才并重、情理兼修、勇于开拓，在火热的青春中放飞人生梦想，在拼搏的青春中成就事业华章"。2016年4月26日，在知识分子、劳动模范、青年代表座谈会上的讲话中，习近平同志说道："青年的人生之路很长，前进途中，有平川也有高山，有缓流也有险滩，有丽日也有风雨，有喜悦也有哀伤。心中有阳光，脚下有力量，为了理想能坚持、不懈怠，才能创造无愧于时代的人生。"

对于本书的研究来说，这些内生型大学生理论社团的同学们积极主动地学习马克思主义相关知识内容，正是我党思想政治教育工作的成效之一，也是我国多年开展高校大学生思想政治工作的成果之一。然而，它们毕竟是小众的学生社团，体现了现阶段我们在思想政治教育工作中的不足。我们希望，这类社团可以带动周围的同学，共同学习马克思主义，社团从"要不要马克思主义"的思考，到完全接受马克思主义的经历与过程，也在思想政治教育的方法上提供了借鉴与思考。

第一，充分激发大学生自主学习马克思主义理论的激情。在各种社会思潮蜂拥而至的当下社会，大学生能够由衷地、自主地学习马克思主义理论知识，是十分难能可贵的。高校应当积极支持大学生自主学习马克思主义，为他们的学习提供便利，对自发组织形成的内生型的大学生理论社团，不宜因为其不是"正规军"而一味"剿灭"，应当给予它们发展的空间，鼓励、支持它们进行马克思主义的学习，促进大学生思想政治素质的全面提高。

第二，充分认可大学生自主学习马克思主义理论的努力。就目前而言，内生型大学生理论社团的活动产生了一定的成效。社员们在同学之间宣传了马克思主义，并且吸引了更多的同学来关注社会、关爱工农，认真思考，主动学习。因此，我们必须充分认可大学生自主学习马克思主义理论的努力，认可内生型大学生理论社团做出的成效，对它们的研究成果和学习成效进行奖励和鼓励，加强大学生提高自身思想政治素质的主观能动性。

第三，全面引导大学生自主学习马克思主义理论的方向。内生型大学生理论社团，由于是由学生自发组织形成的，对于一些思想选择有着一定的倾向性和选择性。与外源性理论社团完全由学校党委、团委组织和管理，对思想倾向有着比较严格的管控不同，内生型大学生理论社团发展较自由，极易误入歧途，走向极端。因此，要全面引导大学生自主学习马克思主义理论的方向，帮助他们找到正确的发展道路，在他们发展出现偏差的时候及时纠正，促使大学生思想政治素质的健康发展。

第四，充分发挥大学生自主学习马克思主义理论的热情。内生型大学生理论社团的成员，都有自主学习马克思主义理论的高昂热情。对于这类学生，应当充分发挥他们的学习热情和激情，鼓励他们带动周围的同学共同学习马克思主义理论，坚定马克思主义信仰，共同抵制西方国家对我国的西化、分化策略，抵制错误思潮，提高大学生思想政治教育的实效性。

Q 学社不是一个个案，同样的社团组织正在全国的高校里兴起，Q 学社也与这些社团中的一部分有一定程度的交流。随着社会的发展，越来越多的这一类社团会出现，也许也会消失，它们影响着自己，也影响着周围的同学，并且通过社会实践帮助工人们，也在一定程度上影响着工人们的思想。它们的兴起，昭示了马克思主义的蓬勃生命力，也体现了马克思主义在新一代大学生心中有着重要的地位。它们愿意拿起理论武器，剖析社会现实，并从中讨论可能的解决办法；它们也吸引了更多的人团结起来，共同为马克思主义理论的学习和宣传贡献力量。这类内生型社团的兴起，是值得我们高兴与鼓励的。

综上所述，Q学社这样的内生型大学生理论社团的成立，显示了马克思主义的生命力。它们坚定地站在马克思主义的立场上，积极奋进，为马克思主义的传播贡献着自己的微薄之力。在大学生理论社团建设的层面上，可以对其他大学生理论社团起到指导、借鉴的作用，并由此促进大学生理论社团的发展。在高校大学生思想政治教育的层面上，通过社团从"要不要马克思主义"的思考，到完全接受马克思主义的经历与过程，并且带动周围的同学共同学习马克思主义，在思想政治教育的方法上提供了借鉴与思考。

本章小结

在本章中，笔者试图阐释Q学社对其他类似的理论性社团组织管理方面的借鉴意义以及对高校大学生思想政治教育上的一般意义。

（1）未来发展。

虽然Q学社有着很大的发展潜力，但也暴露出了一定的问题，笔者认为，社团应该从社团活动和内部建设两个方面入手对其进行改进。

在社团活动方面：第一，对读书会的改进。在读书会的选题方面，应当有所筛选。同时，对读书会中某一问题的讨论，不要过分强调结论性，而要重视过程分析。此外，对学习材料进行适当筛选，开放讨论。最后，要提高读书会的实效，应当注意防止赶进度的倾向和纠缠于细节的倾向，并在每次学习讨论过后，进行总结和归纳，邀请擅长不同方面的同学共同引导学习讨论并且敦促本组同学阅读相关方面的书籍和材料。第二，对社会实践的改进。首先，要明确实践的目的；其次，骨干同学不应当包办实践中所有问题的讲解工作，应当发挥同学们的主观能动性，让实践成员充分讨论。

在内部建设方面：要将培养人才和组织建设联系起来。第一，必须把握社团发展的方向与路线，形成恰当的发展思路。第二，利用现代技术加强宣传力度，保证信息公开对称。第三，加强组织内部成员理论学习，提高成员理论水平。第四，加强组织内部的民主建设，促进成员能动性。第五，加强骨干成员的组织管理能力培训，提高骨干成员综合实力。

（2）价值启示。

Q 学社这样的内生型大学生理论社团的成立，显示了马克思主义的生命力。它们坚定地站在马克思主义的立场上，积极奋进，为马克思主义的传播贡献着自己的微薄之力。

在大学生理论社团建设的层面上，可以对其他大学生理论社团起到指导、借鉴的作用，并由此促进大学生理论社团的发展。主要有：第一，抓住核心带头人，把握思想方向。第二，争取有利支持者，开拓活动资源。第三，合理利用校内外有效资源，掌握学习材料。第四，选择恰当的活动内容和形式，发掘优秀人才。第五，建立统一的思想战线，携手开创未来。

在高校大学生思想政治教育的层面上，通过社团从"要不要马克思主义"的思考，到完全接受马克思主义的经历与过程，并且带动周围的同学共同学习马克思主义，在思想政治教育的方法上提供了借鉴与思考。主要有：第一，充分激发大学生自主学习马克思主义理论的激情。第二，充分认可大学生自主学习马克思主义理论的努力。第三，全面引导大学生自主学习马克思主义理论的方向。第四，充分发挥大学生自主学习马克思主义理论的热情。

随着社会的发展，像 Q 学社一样的社团会出现，也许也会消失，它们影响着自己，也影响着周围的同学。它们的兴起，昭示了马克思主义的蓬勃生命力，也体现了马克思主义在新一代大学生心中有着重要的地位。这样的一类内生型社团的兴起，是值得我们高兴与鼓励的。

第七章

结　语

　　随着高等教育的发展，学生社团越来越成为思想政治理论教育的实践载体。2018 年 5 月 2 日，习近平总书记寄语青年：要忠于祖国，忠于人民；要立鸿鹄志，做奋斗者；要求真学问，练真本领；要知行合一，做实干家。青年学生的成长预示着祖国的未来，而学生社团越来越成为思想政治理论教育发挥思想引领作用的重要阵地之一。

　　然而，随着学生社团的发展，一部分社团越来越异化为活动的载体，甚至异化为完成上级任务的工具，一些思想性理论社团也不例外。它们放松了本该是工作重点的理论学习、社会实践等活动，转而投向了更多更容易发声、更容易有成效的多姿多彩的校园活动中去，一些活动甚至只是与思想引领略微沾边。

　　大学生理论社团虽然在高校学生的思想发展中起到了十分重要的作用，但目前国内学者对于学生理论社团的研究则相对较少。同时，国内对理论社团的研究也主要侧重于对理论社团出现的问题探究与对策分析、理论社团的内涵与功能等较为宏观的研究内容。就国内对理论社团的研究而言，主要侧重于理论社团的地位和作用、理论社团的发展情况和局限性以及理论社团存在的问题几个方面。学者们普遍认为：高校学生理论社团是大学生思想政治教育的有益补充和活动载体，也是大学生学习理论知识、坚定马克思主义信仰以及实践党的创新理论的重要渠道，同时，高校学生理论社团是实现思想政治教育效果的重要阵地；理论社团发展规模越来越大，活动也趋于多样化，但是社团发展受到局限；目前理论社团存在问题主要在于成员素质、入社目的良莠不齐，社团缺乏指导，管理不够规范以及活动缺乏生命力，难以吸引学生。此外，随着全球化的发展以及信息化的发展，大学生受到各种社会思潮的影响，一些负面影响使得理论社团难以管理，甚至举步维艰。

在提出上述问题的同时，大多数研究者也提出了一些对策。如确立会员的考核机制，确保会员有一定的理论素质，纯净会员入会的动机；加强管理和引导，重视理论社团的发展；积极创新活动形式，拓宽活动平台，以吸引更多的学生一起学理论、共实践。这些研究对于高校理论社团的建设具有普遍的指导意义。

而上述学者所论述和研究的大学生理论社团，主要指的是由高校在校学生组成的，以研究马克思列宁主义、毛泽东思想和中国特色社会主义理论体系为主要内容，并据此进行理论宣传和学术研究的社团。与一般的学生社团不同，大学生理论社团帮助成员树立马克思主义的立场、观点和方法，成为一个青年马克思主义者的学生组织。目前我国高校大多数理论社团都是由高校团委直接组织构建并领导的，经费由学校团委直接拨付，在组织活动的同时，还附带组织形势与政策讲座等活动，承担高校大学生思想政治教育工作中的部分内容。因而从高校理论社团的组织构建来看，具有鲜明的政治性。同时，高校理论社团由于只属于学校团委组织管理，因而也具有一定的严肃性。高校理论社团通常组织一些全校性的学习活动，具有突出的时代性。

当这样的一部分理论社团在发展中不断遇到瓶颈、产生问题的时候，另一种社团开始崭露头角，在青年学生的生活中起到积极作用。社团成员关心工农，共同学习马克思主义的理论知识，投身社会实践，用自己学到的理论与实践所得到的认识相结合。这些社团与之前学者们所研究的大学生理论社团不同，它们在社团的筹备、组织前期，是由学生自发组织形成的，没有学校党委、团委等校级机构的帮助和指导，学校社团主管部门只负责对其进行审核、考察等常规工作，与其他普通社团一样，并不会对其进行优待。在此，笔者称为"内生型理论社团"。也就是说，本书所研究的对象——内生型大学生理论社团，指的是完全由学生自发组织形成、自我管理、自我学习的，以学习马克思主义理论和实践为主要内容的学生社团。

　　Q 学社就是由这样一批同学自发组织形成的学生思想政治理论性社团。它是在组织形成初期没有学校党委、团委这些组织的干预而形成的马克思主义理论学习型社团。它的出现表明，有一部分青年学生已不满足于思想政治理论课的学习，他们希望更多地学习马克思主义理论知识，并将这些理论付之于实践，用他们自己的行动，关心社会、关爱工农。

　　这一类社团的出现，与学校团委根据思想政治教育工作需要而组织的理论社团不同，它由学生自发组成、自主学习、自我管理，对于这个社团的研究，有着极其重要的意义。第一，拓宽高校学生理论社团的研究视野，提高大学生思想政治素质。第二，丰富高校校园文化，促进高校大学生理论社团健康发展。第三，拓宽大学生理论学习平台，促进大学生思想政治教育。

　　因此，为了对这类内生型大学生理论社团有全面充分的了解，并在此基础上提出普适性的大学生理论社团建设的建议，笔者结合社会学的结构功能主义以及思想政治教育学相关理论，以 K 大学 Q 学社为例，全面研究了它的产生、运转和发展过程，充分分析了其得以在大学生群体的思想意识中产生重要影响的原因。

　　在此次研究的过程中，主要通过对社团的发起过程、组织结构和外部支持、主要活动内容和其功能实现以及社团面临的困顿等问题开展调研，对其未来发展提出展望和建议，并研究其对其他大学生理论社团的启示。因此，本研究主要采用了以下研究方法：①文献研究法，通过初期对大量已有文献、著作的研究，对所研究的对象——大学生理论社团有所了解，并依此确定研究的方向和内容，开展调查；并在研究过程中，最大程度地对社团相关的文件资料进行了收集，如社团筹备过程中的会议讨论记录、社团建设过程中所积累下来的会议记录、社团活动的总结分析、社会实践的相关报告、社团成员的学习体会感想等。②参与观察法，通过参加该学社组织的活动，对其有一个总体的印象，并亲自参与到社团的活动组织中去，通过与学社成员的交流、学习，全面了解这个学社的现状以及发展情况。③问卷调查法，虽然在此次研究中问卷调查法并不是主要的研究方法，但在针对 Q 学社成员的整体背景和特点，以及通过学社的学习活动对成员的思想意识产生的影响这些内容的分析中，占有重要比例。④访谈法，采用个别访谈结合集体访谈的方式，结构式访谈和非结构式访谈相结合的方式，对访谈内容进行规划，进行结构式访谈，并通过访谈过程中产生的问题，及时调整访谈内容，通过发散性的思维以及聊天的形式，进行非结构式访谈，从各个角度充分、深入地了解社员的思想动态与学社对他们的影响，了解学社的运行机制。⑤综合分析法，通过对所收集材料的综合分析，分析该社团之所以能在大学生群体中产生作用的原因，以及该社团未来可能面对的问题，并提出了一些改进建议及适用于大多数类似理论社团建设的建议。

Q 学社作为一个由一批关心国家命运、民族前途的青年学生组织成立的青年学生社团，它的发起，并非一帆风顺，它是在思想的交锋和实践的体验中成长起来的。

Q 学社的前身是青年读书会，由参与关爱工农社会实践活动的骨干同学以及在读书会中结识的有志之士共同发起。Q 学社着眼于关心工农，在此基础上，以"读书，实践，争鸣，进步"为宗旨，共同追求真理、追求进步，通过读书启发思考，通过实践脚踏实地，为真知而争鸣，协同志以共进步，通过实践和读书，青年学子产生共鸣，形成社团。社团主要成员通过学院关爱工农社会实践志愿服务活动相识，他们积极关注社会、关心现实，自觉承担起了当代大学生的历史使命，深入建筑工地进行调查研究，对建筑行业的用工体制、工人的工作和生活状况进行深刻的了解与认识，并慢慢地获得了一些思想。随后，在2009 年下半年，由于一些事件的发生，关爱工农社会实践在 K 大学的活动中止，学校开始对所有的学生社团进行注册，对理论类社团进行严格管理。关爱工农社会实践的活动部分取消之后，一些关心工农、关注社会的同学依然聚集在一起，在校内活动。2011 年春季，社团主要成员组织了青年读书会，相继得到清华大学多名研究生以及清华大学求是学会多名成员的支持。这些同学通过青年读书会结识有志之士，并依托读书会，借助学校的社会实践平台，开展社会实践。2011 年 8 月，青年读书会的 10 多名同学赴唐山进行国企调研。通过实践，同学们开始思考社会，并进一步学习中华人民共和国史以及马克思主义，最终留下了几位骨干成员，形成了 Q 学社的雏形。2011 年，青年读书会不断壮大，同学们开始思考到底要不要成立社团。星火服务社的筹建者正是当时青年读书会的骨干成员，而新加入的同学，则成为后来建立 Q 学社的骨干成员。正是星火服务社的骨干成员对后来者的影响，促使了 Q 学社的发起和组织。星火服务社由于没有正式注册成立，也就无法在校内进行合法的宣传招新活动。社团发起人虽然在读书会中收获颇丰，但是在读书会的进行过程中，也遇到了一些问题，这些问题促使他们思考成立社团的事项。首先，围绕要不要成立社团、成立怎样的社团，成员们进行了激烈的讨论。最终一致认为，形式只是工具，工具在于善于运用和掌握，而不是被工具掌握。因此他们得出结论，可以先进行社团活动，根据所面临的实际问题进行调整和修改。其次，关于指导思想方面，要不要马克思主义。他们在读书会学习讨论的过程中，认为通过阶级分析法等马克思主义的基本原理，确实能够对一些问题进行分析，得出正确的结论。因此，通过讨论，他们决定先学习马克思主义，然后再选择是不是要接受它。最后，关于社团怎样明确定位，通过审核的问题。当时的骨干成员十分慎重，并最终选择了一个十分取巧的方法和角度。他们从"农"的角度出发，社团名字来自《齐民要术》，宗旨是"了解农村，心系社会，学习思辨，争鸣进步"。至此，Q 学社巧妙避开了与求是学会的重复性、避开了关爱工农社会实践活动的敏感性，完成了在学校社团部的注册登记，最终在学校取得了合法性。

Q 学社自 2012 年 2 月正式在社团部注册成立，组织结构多次改革，从最初的无领导组织形态，渐渐发展产生理事会来决定社团大小事务，最终形成了理事会——执委会——各部门的组织形式。最高设理事会，负责社团的发展方向等重大事件的决策。下设执委会，具体负责社团运行的各项工作。执委会又分设办公室、讲坛部、宣传部、实践部和生活部五个部门，具体执行社团的各项工作。理事会与执委会的工作原则为坚持理论联系实际、密切联系群众、批评与自我批评。

对 Q 学社而言，社员们有着共同的爱好和追求，学习马克思主义，践行马克思主义，有着十分鲜明的特点和共性。第一，Q 学社成员以男生为主，女生较少；以理工科学生为主，文科学生较少。第二，Q 学社成员的家庭状况以农村为主，家庭经济状况普遍不太宽裕。第三，Q 学社成员以共青团员为主，但除一部分党员以外，还有一部分同学既不是党员也不是团员。第四，在 Q 学社的活动中十分活跃的成员不仅有新成员，老成员也占了很大部分。第五，Q 学社的成员成绩分布较平均，各个层次都有。第六，成员加入 Q 学社的方式主要是以参与社团举办的讲座和周围同学推荐为主，通过统一招新活动加入的较少。第七，成员加入 Q 学社的主要原因是认为社团思想性、时政性较强，想要锻炼自身能力的较少。第八，成员在 Q 学社主要活动中的参与率很高，可谓热情高涨。

Q 学社主要采取了自我教育的方法对社团成员进行培养，通过个人以及社团的自主学习与讨论，获得丰富的理论知识以及社会认知，并达到社团培养成员的标准。具体培养模式为：国史学习—实践走入工农—成为骨干。Q 学社认为，社团干部应当有如下标准：第一，立场和世界观的进一步明确并愿意不断改造；第二，有一定的理论修养——了解社会形势与历史、掌握基本的历史唯物主义原理，要有独立自主进行理论学习的能力，最好还能开展自主的分析和研究工作；第三，基本的组织工作能力。

Q 学社除了通过定期举办的见面聚会进行面对面的交流，还利用网络工具建立沟通平台。Q 学社建有三个 QQ 群，分别用于与本校、外校所有对 Q 学社的话题有兴趣的同学之间的广泛交流；用于理事会、执委会以及各部门成员针对工作内容进行定向沟通交流，提高工作效率；以及用于讨论《资本论》和马克思主义政治经济学及其他学术交流内容。此外，Q 学社还通过青梅 App 发布一些推荐文章、通知、思想交流，还通过建立的 Colorwork 进行学习材料的发布，并进行相关内容的讨论。2014 年春季学期，Q 学社还开始建立微信平台，期望通过全方位立体的平台模式，为成员构建一个良好的沟通交流的场所。

Q 学社主要通过宣传和联络工作，利用校内外一切可能的资源，通过开展多层次、多类型的活动扩大社团的辐射影响面，以争取更广泛的同学基础，促进自身组织的发展和壮大。其中，最主要的宣传平台就是社团讲坛，通过在社交网络以及校园橱窗展示海报，在校园网登录界面发布讲座信息、社团简介等途径宣传活动内容，提高社团在校园内的知名度。另外，社团也建立了校园交流 QQ 群，供社团成员与校园内非社团成员进行交流讨论，共同促进，并借助学校举办各种学理论活动的契机，积极参与，通过获奖来提高 Q 学社的成就感，实现 Q 学社的功能和价值。

Q 学社还非常注意对学校老师、团委领导、学院辅导员、学生干部等人员的联络工作。这些联络工作在一定程度上提高了 Q 学社的存在感，同时，也为 Q 学社的活动增添了一些便利。此外，Q 学社十分重视和其他同类社团以及党团组织的联合与合作。与其他兄弟社团的合作与联系，使得 Q 学社有了较好的外部环境，同时也在学校营造了更好的理论学习环境。这对于 Q 学社的长远发展来看，也提供了很好的条件。

因此，Q 学社从建设成立之初，就得到了多方面的支持，正是这些支持，使 Q 学社得以健康、茁壮地成长、壮大。除了学校团委在职责层面上的大力支持，社团的发展还离不开关心社团的老师、学长以及社会组织的帮助和支持。几位学长作为 K 大学的毕业生，一开始就参与了青年读书会的读书活动，由此结识了后来的社团骨干成员，从而共同讨论了奔赴唐山的实践活动，并在后来的 Q 学社的活动中提供了部分帮助与指导。

同时，他们还获得了中国社会科学院马克思主义研究院的老师以及 K 大学马克思主义学院的老师的支持。社团成立后，社团骨干成员在听取中国社会科学院马克思主义研究院老师的讲座过程中，与老师进行深度交流，与中国社会科学院多位研究员建立了联系。此后，除了邀请老师来学校进行相关讲座外，社团还多方努力，申请开设了一门公共选修课"《资本论》与当代世界"。更重要的是，老师还把"《资本论》与当代世界"这门公共选修课的课酬捐助给了学社，以此促进社团的发展。Q 学社成员也通过思政课堂，与 K 大学马克思主义学院的老师有了深入交流，老师们对社团的发展规划、社会实践活动、实践论文的撰写等方面进行了相关的悉心指导，并参与了一些学社的活动，共同交流学术观点。有的老师慷慨解囊，为 Q 学社的建设提供了资金上的帮助。

与此同时，Q 学社也获得了学校团委老师的支持。社团成立后，社团成员和当时学校团委宣传部的负责老师建立了联系和沟通渠道。在之后的活动中，学校团委宣传部设置了一个"高校理论动态研究"的项目，邀请 Q 学社的成员参加，通过工作对部分成员进行补助，这笔补助社员也就用来作为 Q 学社的经费投入，用于社团的建设和发展。

此外，社团还获得了一些社会组织的支持。社团成立之初，活动资源较少，但也得到了一些社会组织的支持。这其中，最主要的是 W 网和 WX 网站。W 公司和 WX 网站是 Q 学社联系的两个重要的社会组织，W 公司为 Q 学社的理论活动提供了一部分支持，而 WX 网站则在一定程度上为 Q 学社提供了实践的平台。当然，二者都不是 Q 学社最主要的理论知识来源和实践资源平台，Q 学社最主要的理论知识来源和实践资源平台，依然是读书会以及平时的社会实践。

Q 学社对外进行的活动主要有读书会、社会实践、社团讲坛和社团书架等。读书会承担了社团的学习任务，旨在通过阅读书籍、文章，研讨时事热点、中华人民共和国历史和当今现状，引导大学生深入关心社会。其活动分为两个层次：基层组读书会，主要针对新成员，围绕社会问题展开，由参与读书会的同学自由讨论，发表观点，交流意见；专题组读书会，是在基层组读书会的基础上进行的，主要针对有一些基础知识的同学，确立不同的专题进行学习讨论，更多的是在交流讨论中掌握看透社会现实、看清社会本质的方法，主要学习政治经济学。读书会的学习以马克思主义基本原理、中华人民共和国的历史和工农群众的生产生活为中心，希望通过学习，了解真正的社会主义时期的历史，培养对于社会主义的感情，树立辩证唯物主义的历史观和世界观；通过学习，认识到人民群众是历史的创造者，阶级斗争是推动历史前进的根本动力。在学习过程中，一般以 10 ~ 15 人组成一个小组，每个组配备 2 ~ 3 个组长，充分发挥民主、自由的原则，让发言人尽可能阐明自己的观点，并在学习结束进行总结和分析。专题学习小组通常分层次开展，从第一层次的学习原著到第二层次的基本历史学习，再到第三层次的研究性较强的专题组学习，最终明确当前国内外形势，批判错误的理论观点，并且深入学习马克思主义理论。

实践也是 Q 学社最重要的特色之一。Q 学社的社会实践活动充分结合学校的暑期实践课程，利用暑期、"五一"和"十一"长假进行实践。其中，社会实践的重点是假期实践，主要由实践部负责筹划和组织。社会实践活动可以分为三个层次：第一个层次，培养朴素的感情；第二个层次，深入认识；第三个层次，研究问题。在已经开展过的日常实践中，主要以校园工友实践和工地工作为中心内容。通过实践，可以较为深入地了解了工地的基本状况、各项问题，包括工友的基本信息、家庭、收入、生活、打工史等。通过实践和理论学习，能够较为全面地了解工地的用工制度、各类关系。假期实践是各项社团工作中最复杂的工作之一，在实践前社团会做好细致的准备。这主要有四个方面：明确实践目的、准备实践材料、组织实践支队、与当地建立联系。在实践队伍的组织上，一般会控制在 5～6 人，且至少包括 2 名有经验的老会员。

社团讲坛即讲座活动，是 Q 学社宣传自己并吸引有相同爱好同学的一个重要场合。每学期 Q 学社都会举办四次左右的讲座，主要围绕经济状况、社会思潮、青年责任等主题。讲座老师几乎都是社团骨干成员在参加其他学校的讲座活动时认识的，在听取老师的讲座之后，通过提问题等方式与该老师建立联系，最后才会邀请该老师来 K 大学举办讲座。除了丰富社团成员的认知，社团讲坛也是 Q 学社宣传工作中一大重点工作。讲座有较广的宣传力度，中心是向学生宣传马克思主义。

社团书架是 2013 年秋季学期开始推出的活动。学社为大家准备理论分析、时事评论、世界历史运动、名人传记、马列原著、中共党史、毛泽东选集、政治经济学著作、邓小平文选等书籍，成员可选择阅读。观影会是 2014 年春季学期新开辟的活动。结合社团讲坛、读书会等活动的学习内容，通过观看有特定时代背景的电影，更加深入了解社会，理解所学内容。

Q 学社将所有的会员作为内部建设培养的对象。通过多项活动进行内部建设。第一，社团内部组织生活：主要是每周五晚 4：50 在学校食堂四层大圆桌的集体晚餐活动，在清明、中秋等小假期期间，也会组织大家进行集训或者外出郊游。第二，名师交流会：在每两次读书会后，Q 学社都会邀请北京的名师来 Q 学社举办 Q 学社内部小讲坛。第三，读书分享会：2014 年春季学期开始，学社开始组织读书分享会，旨在让成员对自己读过的书进行交流与分享。第四，谈心交流：谈心也是 Q 学社比较有特色的一项工作，话题没有限制，可以是学习生活上遇到的困难，也可以是学习实践中产生的迷惑，更可以是关于国家社会、未来人生的探讨。

Q 学社通过活动宣传、联系学校师长以及联合同类社团共同学习的方式实现着自己的价值与功能。社团通过理论学习和实践，对成员产生客观的影响，成员的思想状态体现着明显的特点，有着明确的思想倾向，基本都有着明晰的政治观点，主要体现在思想倾向明确、政治观点明晰、注重理论学习。同样是学生理论学习社团，Q 学社的成员较其他社团成员而言更能接受马克思主义，对阶级斗争更为了解，并且比较一致地认为阶级斗争仍将在一定范围内长期存在，对社会现状有着更强烈的批判思想，对于中国共产党的领导更有信心……由此可见，相较于其他理论社团的成员各种思想倾向都有、思想观点不明晰的情况，Q 学社的成员对一些问题观点更清晰，也更一致。同时，社团的活动如读书会、社团讲坛、专题讨论和社会实践活动都有极高的参与率，对马克思、恩格斯原著的阅读情况也相对较好。

在笔者的调查过程中，社团成员所体会到的感受与感想主要集中在理论知识的提高、对社会实践的深切体会、对社团好友的感怀、对其他种种活动的回忆……从他们情深意切的感慨中，我们清楚地看到，Q 学社正在影响着一批青年人，使他们认识世界、学会思考、丰富知识，更重要的是，使他们学会站在工人阶级的立场上，运用所学到的马克思主义理论知识，武装自己的头脑，并为之奋斗。

通过 Q 学社的建设，吸引了一批有理想、志同道合的年轻人共同学习，并且这些人在思想政治素质上和其他所谓理论社团的学生有明显的不同。他们对社会现象的分析、对国家命运的关注比普通学生更为深刻，思考也有更明确的方向性和倾向性。因此，在理论学习实践上，Q 学社对学生的影响更为突出，这也是其他所谓理论社团所无法比拟的。但是，Q学社的运行过程中，也遇到了一些问题。①定位问题。明确社团及社团成员的定位，有助于社团的健康发展以及作用的实现。在Q学社的发展过程中，其目标定位和思想定位、实践定位、骨干成员自我定位等方面都暴露出了一定的问题。作为一个实质上的学生理论社团，Q学社有着一定的思想倾向。然而，笔者观察发现，社团的个别成员有向极"左"发展的倾向。这一倾向十分值得注意，应该避免。社团实践的功能是明确的，但关于谁是第一位，哪个是首要目的的问题，社团骨干成员一直都在讨论。同时，骨干成员作为加入社团较早、理论知识较深的成员，个别骨干成员有些许自我膨胀的现象发生，因此，社团骨干成员如何自我定位，对社团的发展有着极其重要的意义。②组织问题。随着社团活动的开展，社团分工越来越细化，组织建设也暴露出一些问题。虽然部门之间是平等关系，部门负责人之间可以沟通社团事务工作，但如果不能合理、恰当地组织活动，实现活动的目的与作用，活动就形式化、机械化了。主要体现在社团的管理组织、理论学习的组织以及社会实践的组织三个方面。社团的管理组织方面，主要体现在信息对称问题、骨干成员组织管理能力培养的问题以及后继者的选拔三个方面。在理论学习的组织上，主要问题集中在读书会内部的讨论气氛问题和读书会的材料组织问题上。社会实践的组织方面，问题主要体现在虽然在社会实践的过程中，实践队的骨干同学会结合实践内容给新同学讲解，但新成员缺少了自我思考的过程。

虽然Q学社有着很大的发展潜力，但也暴露出了一定的问题，笔者认为，社团应该从社团活动和内部建设两个方面入手对其进行改进。在社团活动方面：第一，对读书会的改进。在读书会的选题方面，应当有所筛选。同时，对读书会中某一问题的讨论，不要过分强调结论性，而要重视过程分析。此外，对学习材料进行适当筛选，开放讨论。最后，要提高读书会的实效，应当注意防止赶进度的倾向和纠缠于细节的倾向，并在每次学习讨论过后，进行总结和归纳，邀请擅长不同方面的同学共同引导学习讨论并且敦促本组同学阅读相关方面的书籍和材料。第二，对社会实践的改进。首先，要明确实践的目的；其次，骨干同学不应当包办实践中所有问题的讲解工作，应当发挥同学们的主观能动性，让实践成员充分讨论。在内部建设方面：要将培养人才和组织建设联系起来。第一，必须把握社团发展的方向与路线，形成恰当的发展思路。第二，利用现代技术加强宣传力度，保证信息公开对称。第三，加强组织内部成员理论学习，提高成员理论水平。第四，加强组织内部的民主建设，促进成员能动性。第五，加强骨干成员的组织管理能力培训，提高骨干成员综合实力。

Q 学社的出现，对于内生型大学生理论社团的研究有着突出的意义，同时也能引起专家学者对大学生理论社团的建设与管理的借鉴和思考，对拓宽大学生思想政治教育的途径有着重要的启示。正是有像 Q 学社这样的内生型大学生理论社团的成立，更显示了马克思主义的生命力。它们坚定地站在马克思主义的立场上，积极奋进，为马克思主义的传播贡献着自己的微薄之力。

类似 Q 学社的出现，在大学生理论社团建设的层面上，可以对其他大学生理论社团起到指导、借鉴的作用，并由此促进大学生理论社团的发展。主要有：第一，抓住核心带头人，把握思想方向。第二，争取有利支持者，开拓活动资源。第三，合理利用校内外有效资源，掌握学习材料。第四，选择恰当的活动内容和形式，发掘优秀人才。第五，建立统一的思想战线，携手开创未来。在高校大学生思想政治教育的层面上，通过社团从"要不要马克思主义"的思考，到完全接受马克思主义的经历与过程，并且带动周围的同学共同学习马克思主义，在思想政治教育的方法上提供了借鉴与思考。主要有：第一，充分激发大学生自主学习马克思主义理论的激情。第二，充分认可大学生自主学习马克思主义理论的努力。第三，全面引导大学生自主学习马克思主义理论的方向。第四，充分发挥大学生自主学习马克思主义理论的热情。

随着社会的发展，像 Q 学社一样的社团会出现，也许也会消失，但它们既影响着自己，也影响着周围的同学。它们的兴起，昭示了马克思主义的蓬勃生命力，也体现了马克思主义在新一代大学生心中有着重要的地位。这样的一类内生型社团的兴起，是值得我们高兴与鼓励的。

本研究的主题和内容之前极少有专家、学者进行深入研究，因此可以参考的资料并不多。由于笔者能力和知识面有限，对此问题的研究必然还有许多细节未能涉及，仅笔者一人之力也无法对如此庞大的一个项目进行全面系统的研究，因此，本研究主要还是在初始层面上的初步研究。笔者希望，通过这一研究，能吸引更多的专家学者，对这一类社团进行系统的研究，共同完善大学生思想政治教育，共建和谐校园。

K 大学学生理论社团成员情况调查问卷

亲爱的小伙伴们：

　　我是马克思主义学院研究生，想对咱们学校的理论社团的同学们做一个调查，希望大家配合哦，谢谢！

　　对于以下说法，根据你的认识和理解勾选，"–2"代表"非常不赞同"，"–1"代表"比较不赞同"，"0"代表"不清楚"，"1"代表"比较赞同"，"2"代表"非常赞同"。

内容	非常 不赞同	比较 不赞同	不清楚	比较 赞同	非常 赞同
1. 马克思主义永远是工人阶级和劳动群众进行革命和建设的行动指南	–2	–1	0	1	2
2. 在我国社会主义新时期，阶级斗争仍将在一定范围内长期存在	–2	–1	0	1	2
3. 毛泽东是近代以来中国伟大的爱国者和民族英雄	–2	–1	0	1	2
4. 毛泽东时代封闭僵化，生产力的发展长期止步不前	–2	–1	0	1	2
5. "文化大革命"有其积极和正面作用，不宜全面否定	–2	–1	0	1	2
6. 改革开放 30 多年来，中国社会发生了翻天覆地的伟大变化	–2	–1	0	1	2
7. 今天的中国已经是世界上贫富差距最大的国家	–2	–1	0	1	2

续表

内容	非常 不赞同	比较 不赞同	不清楚	比较 赞同	非常 赞同
8. 改革开放的结果就是资本主义逐步复辟	−2	−1	0	1	2
9. 今天中国国有企业的巨额利润主要来自它的垄断地位	−2	−1	0	1	2
10. 只有在大力发展公有制经济的基础上才能实现共同富裕	−2	−1	0	1	2
11. 今天中国腐败问题严重的主要原因是共产党一党执政，缺乏监督	−2	−1	0	1	2
12. 最高领导人选举采用一人一票的形式才是真正的民主	−2	−1	0	1	2
13. 进入 21 世纪，西方加紧实施西化、分化中国的战略图谋	−2	−1	0	1	2
14. 苏联解体使俄罗斯回归了人类文明主流	−2	−1	0	1	2

下面是对小伙伴个人情况的一些调查，请大家根据自己的实际情况如实勾选哦，谢谢大家的配合！

15. 你的性别

A. 男　　　　　　　　　　B. 女

16. 你的政治面貌

A. 中共党员（含预备）　　B. 入党积极分子

C. 共青团员　　　　　　　D. 非党非团

17. 你加入社团的时间

A. 2 年以上　　　　　　　B. 1～2 年

C. 半年至 1 年　　　　　　D. 不足半年

18. 你的专业是

A. 理工科　　　　　　　　B. 文科

19. 你的学习成绩在本班级大致位于

A. 上游　　　　　　　　　B. 中游靠上

C. 中游　　　　　　　　　D. 中游靠下　　　　　E. 下游

20. 你的家乡位于

A. 大中城市　　　　　　　B. 小城市（含县城）

C. 乡镇　　　　　　　　　D. 农村

21. 你家的经济状况

A. 非常宽裕　　　　　　　B. 比较宽裕

C. 一般　　　　　　　　　D. 不太宽裕　　　　　　E. 非常不宽裕

22. 你最初是怎么知道这个社团的？

A. 参加社团举办的讲座等活动

B. 周围同学推荐

C. "百团大战"，社团招新

D. 校园橱窗、人人网等的海报宣传

E. 其他 _____

23. 吸引你参加这个社团的主要原因是（可多选）

A. 社团具有独特的思想理论性

B. 社团经常讨论一些时政话题

C. 社团的活动丰富多彩

D. 社团可以锻炼自己多方面的能力

E. 社团可以推优入党

F. 社团可以刷创新学分

24. 在社团中，你直接参加过的活动有（可多选）

A. 辩论赛　　　　　　　　B. 演讲赛　　　　　　　　C. 读书会

D. 专题讨论　　　　　　　E. 学术讲座　　　　　　　F. 理论宣讲

G. 社会实践　　　　　　　H. 其他 _____

25. 参加社团活动，对你最大的帮助在于提高了自己的（可多选）

A. 思想理论水平　　　　　B. 语言表达能力

C. 组织策划能力　　　　　D. 人际沟通能力

E. 社会分析能力　　　　　F. 其他 _____

26. 你是否读过马克思、恩格斯的原著?

A. 读过多篇   B 读过一两篇   C. 从未读过

27. 寒暑假在家期间,你是否收看每天晚上的《新闻联播》?

A 经常看   B 偶尔看   C. 从不看

28. 下列网站中,你经常浏览的有(可多选)

A. 新华网   B. 人民网   C. 凤凰网

D. 南方报业网   E. 红歌会网   F. 乌有之乡网

G. 凯迪网   H. 新浪网   I. 网易网

J. 人人网   K. 其他 _____

非常感谢小伙伴们的支持! 希望大家能在今后的学习中有所收获!

Q 学社相关访谈提纲

1. 你是怎么知道 Q 学社的？

_____

_____

_____

2. 我们都知道 Q 学社是一个学生自发组成的马克思主义理论学习型社团，你认为这个社团怎么样？

_____

_____

_____

3. 你认为 Q 学社吸引你的地方在哪儿？最突出的一点是什么？

_____

_____

_____

4. 是什么原因促使你愿意对 Q 学社给予帮助？主要从哪些方面对它进行了帮助？（资金、交流、指导）

_____

_____

_____

5.一般老师来学校给学生做讲座都会有一定的酬劳，你为什么愿意无偿来给他们做讲座、上课？

_____

_____

_____

6.你觉得像 Q 学社这样的学生自发组成的理论学习型社团，会对大学生的思想情况有什么样的影响？

_____

_____

_____

7.你觉得像这样一类的社团，要长期发展并做出越来越大的影响，还需要在哪些方面有所改进？

_____

_____

_____

截至 2014 年春季学期 Q 学社活动汇总

项目	时间	内容	备注
读书会	2012 年 2—6 月	基层读书会、国史	
	2012 年 9—12 月	社会热点、改革开放史	
	2013 年 2—6 月	国史、政治经济学	
	2013 年 9—12 月	社会问题、国史、工人运动史	
	2014 年 2—6 月	政治经济学	
社会实践	2012 年 10 月 1 日	石景山首钢小区实践	
	2013 年 1 月	南街村实践调研	
	2013 年 5 月 1 日	首钢国企老工人调研	
	2013 年 8 月	河北石家庄新工人调研	
	2013 年 8 月	唐山国企工人调研	
	2013 年 8 月	南街村集体经济实践调研	
	2013 年 10 月	天津新工人调研	
	2013 年 10 月	城市快递员生存现状调研	
	2013 年 10 月	保定 WX 网站实践	
	2013 年 11 月	乡建中心实践	
社团讲坛	2012 年 9 月 24 日	恰同学少年——当代青年的历史使命	沈原
	2012 年 11 月 3 日	当代社会思潮评析	左鹏
	2012 年 12 月 8 日	《资本论》的当代价值	余斌
	2013 年 3 月 8 日	红旗下的老外——一个老外看中国	阳和平
	2013 年 3 月 31 日	雅克·朗西埃的毛泽东主义之维	蒋洪生
	2013 年 5 月 31 日	资本主义，您到底怎么了	肖郑

续表

项目	时间	内容	备注
社团讲坛	2013 年 12 月 4 日	青年毛泽东	王立华
	2014 年 3 月 12 日	美国全球战略与中国应对	左鹏
	2014 年 3 月 31 日	中国粮食安全与应对（与求是学会合作）	许准
	2014 年 4 月 27 日	我们为什么要发展经济（与求是学会合作）	潘毅
观影会	2014 年 4 月 12 日	浪潮	
	2014 年 5 月 10 日	无法避免的战争	
出游	2012 年 4 月 5 日	军都山、十三陵水库	
	2013 年 4 月 5 日	上庄水库	
	2013 年 10 月	冷泉山登山	

Q 学社大事记

Q 学社自 2012 年 2 月底成立以来，以培养青年马克思主义者为宗旨，实事求是，开拓创新。社团成立之初，仅仅有读书会。读书会的具体内容与组织形式也是处于摸索阶段。后来的 Q 学社形成了读书会与社会实践充分结合的方式，读书会的学习内容与组织形式有了很大的成效；社会实践也充分利用了校内外的资源，能够把握实践的意义与方向。社团活动开始丰富起来，社团讲坛与社团内部老师座谈相结合。Q 学社现在有着更好的校内外环境，有利于社团更好地发展。Q 学社在最初两年多的探索与实践当中经历了一些重大事件，现在简单记录下来。

2011 年 10 月—2012 年 2 月（社团成立前）

2011 年 10 月初，高鹏飞、张倩茜、张印文、刘成成、肖兴成等组织读书会；第一次学习内容为社会热点事件。第一次读书会吴浩天、吉利伟、邓子豪均参加了。

2011 年 11 月，读书会接着学习了民族问题、经济危机、农村问题、国企问题等。读书会人数最多有 20 人以上。王一一大约在此时参加了读书会。

2011 年 12 月，读书会第一次学习了共产党宣言。这次学习对大家启发很大。这个月组织了去工地探访。

2012 年 1 月，经过最后一次的读书会学习，在高鹏飞的建议下，打算成立社团。此时，开始着手准备成立社团。发起人为张倩茜、刘成成、张印文、肖兴成、吴浩天、吉利伟、邓子豪、王一一。此时，我参加了清华大学组织的寒假培训活动，主要集中学习中华人民共和国成立前 30 年国史与改革开放史以及马克思主义理论知识。

2012 年 2 月，社团通过团委答辩，成立"Q 学社"。会长为刘成成。社团负责人为张倩茜。

2012 年 3 月—2013 年 2 月（社团探索）

2012 年 3 月，社团成立后，开始第一批招新工作。开设一个新手基层读书会；另外还有一个中华人民共和国成立前 30 年国史读书会，由 8 个创始人参加。

2012 年 4—5 月，社团举办每周一次读书会与每周一次工地探访活动，工地具体地点在中国矿业大学；此时还组织了一次活动，到中国社会科学院王老师那去看老电影，此后约 2 周一次。

2012 年 6 月，组织社会实践。社团组织了三个实践团。此时正式提出理事会的理念，当时的定位为理事会为社团的最高权力机构。经过半学期的交流讨论，社团的宗旨最终确定为培养青年马克思主义者。

2012 年 8 月，组织了社团骨干的集中理论学习。理事会在实践结束后确立了下学期的基本计划。提出建设执委会。

2012 年 9 月，社团举办第一次讲座，邀请清华大学沈原老师。社团举行第一次"恰同学少年"交流会，由吴浩天主讲。除了基层的社会热点组，还有一个改革开放史组。

2012 年 10 月，组织石景山首钢小区实践调研。

2012 年 11 月，继续举办了几场讲座，包括各个高校的老师。

2013 年 1 月，参加清华大学组织的寒假培训。去南街村实践调研，拜访了王宏斌。

社团探索阶段，对读书会的学习方式与内容进行了大胆的尝试。总结了读书会组织经验，强调带组人的个人能力在读书会中的作用发挥。在社会实践中，勇于探索，储备了包括 W 公司、南街村、清华大学、中国社会科学院等不同层次的社会资源。

2013 年 3 月—2014 年 1 月（社团发展）

2013 年 3 月，举办开学讲座，邀请了阳和平老师。社团的读书会有三个基层组，还有一个国史组、一个政治经济学组。在基层读书会中，开始尝试更加开放式的学习模式，探索读书会的组织形式。肖郑开始参加读书会，并带组。

2013 年 4 月，举办左鹏老师讲座。开始重视网络宣传，主要为人人网的主页。

2013 年 5 月，组织石景山首钢小区实践调研。

2013 年 6 月，开始组织暑期社会实践。工地探访实践受挫，取消工地探访。提出改组执委会，建立宣传部、实践部、讲坛部、办公室、生活部。重视社团成员内部同学交流沟通工作，改善社团内部僵化死板的氛围。

2013 年 7—8 月，组织三个社会实践团，分别为河北石家庄新工人调研、唐山国企工人调研、南街村集体经济实践调研。8 月中旬，组织连续 10 天的理论集中学习，内容涵盖马克思主义基本理论与经典篇目。7—8 月，与乡建中心、WX 网站等展开交流活动。分别到哈尔滨、保定、南京、鞍山等地与当地的思想类社团组织进行交流。此次交流发现，社团在发展当中，可以调动同学们的主动性，发挥他们的主人翁精神，重视培养社团当中人与人的关系。探索了思想类社团发展的哲学思想与社团本身的内在规律。

2013 年 9 月，邀请刘书林老师举办讲座。邀请余斌老师在学校讲授"《资本论》与当代世界"选修课。

2013 年 10 月，基层读书会分两组，国史读书会一组，工运组一组，共四组读书会。通过社团组织工作认识到理事会管理社团的弊端，提出放权到执委会，由执委会同学自行管理社团，理事会成员下放到执委会中。理事会负责读书会与对外交流，执委会负责全体社团事务工作。国庆实践，分两组，参加保定 WX 网站实践与天津新工人调研实践。社团出游，去冷泉山爬山。

2013 年 11 月，组织去乡建中心开展社团内建活动。

2013 年 12 月，组织纪念毛泽东诞辰 120 周年活动，举办相关讲座，参加学校相关征文活动。

2014 年 1 月，参加清华大学组织的集中培训。安排寒假实践。

在整个 2013 年，社团承上启下，在读书会的组织方式上有了自身的经验，在社团的组织方式上，形成了自己的特色。学社发展的这一年来，唯一不变的就是改变。根据新成员与骨干同学的建议，纠正了工作与学习中的很多不当与错误。社团的最终目的是培养人，培养青年马克思主义者。培养人是社团的目的，也体现在社团运行的过程中。事务性的工作必须时刻符合培养人的目的，只把握住这根弦，才能把握住社团的发展方向。

读书的主体应当是新成员，以新成员为主体的读书会必须考虑新成员思考的切入点与认识过程。无论在选话题还是在选择组织材料上，务必注意这一点。还有，新成员是希望进步的，是乐意学习新知识的，但是树立工农阶级立场与社会主义意识是需要一段时间的，需要经过思想反复的过程。必须按照新成员本身认识问题的规律来把握读书会。

社团组织形式，是由社团发展的不同阶段而定的。社团的开始阶段，组织形式很简单，这也很有效率。随着社团人数的增加，社团活动的增加，组织建设也可以提出来。社团的组织建设与培养人结合起来，如何学以致用，让社团真正灵活地运作起来，必须处理好民主与集中的关系。让同学们明确社团存在最高权力机构，就是执委会大会。执委会大会决定社团的主要规划与人事调整。部门之间的会议负责协调事务性工作。实践证明，理论学习突出的同学在社团事务性工作中更有全局观念。大家在事务性工作中，能够处理好社团同学的关系，把握事务性工作的要点。最后，社团的组织工作，也变为人与人关系的工作。

（作者：吴浩天）

Q 学社关于思想类社团形成与发展的理解

　　早在 2013 年暑假，邓子豪就跟我提到写一写关于最近一两年思想类社团形成与发展的文章，一方面我参与了 Q 学社的建立以及之后的组织发展工作，对具体社团的形成发展比较了解；另一方面我也积极地和类似的思想类社团接触、交流，感受了不同社团的发展状况，所以也愿意写一些关于社团的东西。想来比起创建更早、发展更好的一些社团的同学来说，写关于这样一篇文章不算是最合适的，但仍感觉自己还算有所感触、有所认识，这样的文章自己仍可一写。但在实际写作过程中，文字还是写了删，删了再写，再写再删，可谓"举棋不定"。原因在哪里？就整体文章布局来说，是写成如调研一样，将自身置身其外，相对"客观"的调研报告，还是写成思想类社团的战斗宣言，来"主观"激励这些社团成员们牢记这样的社团所背负的历史使命，这些已经构成了对我写作严重的阻碍。这件事要远比预想的难。所以行文中一再停笔，甚至时隔一两个月，如今再写，索性抛开之前的文字，从头开始。

　　前面所提到的关于"主观""客观"的冲突，是给自己提的，大家能感受到其中有强烈目的论的味道，这是个关于这篇文章给谁看的问题。但是这样一个简单的社团的素描非得要纠结给这个人看还是给那个人看吗？而这个问题的提出恰恰是我认为我们可以开始展开讨论的时机。其实这是一个意识形态间的斗争，是主流意识形态（或统治阶级意识形态）与非主流意识形态（或非统治阶级意识形态）之间的斗争。对于官方的意识形态，在记录社团活动时，又在反复掂量是不是应该加入自己的思想。这时，就我要写的内容来说，就产生了是否要合乎主流意识形态或官方意识形态的矛盾。显然，如实地记录社团的内容，是困难的。而怎样写这篇关于思想类社团的文章的冲突，直接反映了这类社团与所处环境之间的具体的矛盾，从而又反映了存在社团与所处环境之间的矛盾。我们知道，社团与所处环境之间的具体矛盾并不能导致社团与所处环境之间矛盾存在的前提，而正好相反。所以我们先讨论第二个矛盾，第一个矛盾放到后面讨论。

存在社团与所处环境之间的矛盾（当然，我这时说的这个矛盾不是永恒的矛盾，是指在这个时期或者这个阶段的矛盾），也可以这样认识，为什么在某个时期一个事物和它所处的环境矛盾，在某个时代一个人与他所处的社会有矛盾。它可以称为一类社会问题，比如我在写这篇文章时，我希望表述的内容和我实际表述的内容之间有出入，也就是说要么我选择性（选择能够得到官方通过）地表述关于社团的内容，要么我在表述时加入一些不符合事实的内容，从而得到官方通过。这时我表现了一种不真实，而这种不真实正是构建在个人或社团与相应环境之间的矛盾中。当然，同样的事情会在某篇学术论文里出现，也会在某个政要文件或给百姓传达的信息中出现。这种不真实的情况在社会中的蔓延，也就逐渐形成了我们所厌恶的统计数据以及经济、社会问题权威及垄断。一方面，相关的问题权威对分析社会、经济问题造成垄断；另一方面，所涉及的具体内容诸如国企改制甚至影响上千万人，从而造成不满甚至抗争。所以，一方面，老百姓对政府权威、社会问题权威的信任感降低；另一方面，老百姓实实在在地处在一些问题之中。

大多数人对这些问题又没有认识分析的能力和时间，也就不得不依赖于政府或者一些问题权威垄断。这些人要么依赖政府权威，要么依赖一些批评、反对政府问题的专家权威或者意见领袖，总是在依赖权威，要么这个权威，要么那个权威，盲目地随大流，总之是使自己愈发无法摆脱这个状态。社会问题的存在，个人在面对这些社会问题时的地位（这些问题的分析被问题权威垄断），也就要求自己或多或少地对这些问题进行认识。

这时，在大学这个环境下，在大学生脱离具体生产的大条件下，部分人逐渐针对这些这样那样的问题寻求自己的答案，也为得到相对正确的认识形成相应的认识问题、交流问题的机制，一部分人将其组织化、社团化，也就逐渐形成了现在这些遍及大学的思想理论类社团。其中积极参与相关问题交流的同学，自觉不自觉成为社团的中心力量，其中家国社会、政治经济、国际形势、地缘政治等相关问题的交流，也自觉不自觉成为社团的主要活动。

"共产党人认为隐瞒自己的观点和意图是可鄙的事情。"（马克思、恩格斯《共产党宣言》）

组织、参与这些交流的人，从表达自己观点出发，积极交流，认识问题，不回避对问题及矛盾的认识。比如我们的教育制度，在《中国教育能改变吗？》系列纪录片中，有人讲述道："如果我参加高考，我文科很好，但数学可能我这次考完后一辈子都不用了，但就是一辈子不用的东西，可能决定了我一辈子。"这样有些人就形成了对高考本身的质疑，或者对教育的质疑。又比如说大学的马克思主义哲学、思政课程，一部分人总是浑浑噩噩地混过去，他们认为："这样的课程占用了我的时间精力，好像这样的课程和本身专业并没有太大关系，那这些课程对我们到底有什么意义？如果非要说它是考研的主要部分的话，那这些内容和我读研或者科研又有什么关系？"这就产生了思政和大学生的关系问题，关系到底在哪？思政课为什么不能取消？再比如说，"中国共产党是中国工人阶级的先锋队"，可是在现在，工人的地位很低，逐渐由中华人民共和国成立初期"工人老大哥"般相对较高的地位转变到人们都不愿去当工人。那么，现在的中国共产党还是不是广大工人阶级的政党？到底是不是在维护工人阶级的利益？这些切切实实的例子和疑问，都表明当下的中国存在这样那样的问题，人们对这些问题急于寻求答案。不闭上眼睛，不蒙上耳朵，不去回避这些问题，就成为社团成员参与社团的主要动力。

这时，认识世界已经成为这些社团的主要内容，而进行认识世界这样的活动，已经构成了对自己的改造。"认识世界，改造世界"这样一句过去也许不知道是什么的口号，现在变成了社团的具体内容。

产生需求，也就要求产生满足这种需求的形式。落实认识世界这个内容，形成了现在比较普遍的读书会。读书会能使人与人之间交流，满足人的社会性，交流内容是这样那样的问题，也相应满足了分析问题、认识社会的需求。我们接触到很多社团，几乎所有这些社团的产生，都有过读书会形态的经历，也就是一部分人先组织成读书会，后发展成社团。读书会成为理论思想类社团形成发展的第一个阶段。

读书会是孕中胎儿，之后便是社团的诞生和成长。Q 学社的前身也是一个读书会。《Q 学社 2012 年工作报告》中这样记述道：Q 学社的前身为青年读书会，还得从 2011 年暑期实践开始，张晓旭等同学赴唐山进行国企调研，大家走访了很多国企老工人，又对比了现在的新工人，大家亲眼目睹了在改革开放国企私有化过程中下岗工人的现状，同时发现私有化后国企的运行并不是一帆风顺的，甚至出现了一些问题，于是这激起了这一批关心社会的人的关注。……读书会应运而生……为团结、培养更多的人，经读书会集体决定，准备创建社团，终于经过半年的努力，Q 学社于 2012 年 2 月 26 日正式注册成立。

上述文字都是记述社团最初组织时的场景，社团是由读书会成立发展而来。

读书会的运行方式是对特定主题的交流讨论，有一定的人数，由主持人、主讲人等组成。在运作过程中，整合人员的时间、空间、主题，使读书会起到交流平台的作用。最初这个平台起到简单交流的作用，因为在平时，大家在班级、宿舍一般较少集中讨论时事内容，不能满足这种交流的需求，而这个平台就可以让大家"说话"。

这时，读书会等这样的组织运行方式，读书会与个人间的关系，构成了由存在社会问题、社会矛盾到读书会或社团和环境之间的矛盾的转移。也就是说，看到了自身应该多交流问题、多接触政治的状况，而对此的解决方法是搞好一个小组织，具体来讲就是搞好这个读书会及社团。

精神生产需要相应的精神生产资料和劳动，而具体的劳动必须以时间衡量。在大学这样一个重要领域，形成了通过本科生、研究生等一些不同的学历来划分社会地位、未来社会地位的现状。基于必要学位证书的获取，学生所受教育内容服从学校，相应个人时间服从所受教育。这构成了当下大学生及大学教育的一般现状，和高中教育一样，决定学生之后社会地位的主要是成绩，这样的结果是大学生几乎所有的时间依附在这件事上，这对于各色的社团，尤其是理论思想社团，构成了严重的影响。在此，我们看到了社团和环境之间的第一个矛盾，社团成员时间分配上关于学业和社团间的矛盾。

由此矛盾，我们看到学校只有百分之七八的人对理论交流感兴趣，百分之一二才有意愿参与读书会或相关组织活动。每个人的行为都有一定的政治意义，但是自身并不能认识这些。套用汪晖"去政治化的政治"的概念，大学生一方面用"去政治化"来表达自己的政治观点；另一方面，学业时间挤压政治生活时间，构成了"去政治化"物质基础。

在没有政治生活，没有对现实政治社会认识的基础下，单方面地让学生接触政治原理（相关的马克思主义哲学、毛泽东思想概论课程），也就使得这些原理教条化，而不具有生命力。它从反面让大学生抵触这类课程或活动，进一步让大学生抵触这些马克思主义的政治原理。从认识能动角度挡住了学生参与政治社会，也就影响了对学生的马克思主义理论的培养。这里，我们看到了社团和环境之间的第二个矛盾，从形式上抵制政治、抵制马克思主义，形成了社团成员意识层面的个人生活和社团之间的矛盾。

由此，学业时间对其他时间的挤压、"去政治化"的社会意识成为社团和环境之间的主要矛盾。这是由存在社会矛盾到社团和社会具体矛盾的转化。社会矛盾构成了社团主要内容，社团和环境的矛盾构成社团主要活动形式。这是当前高校中理论思想类社团的基本理论问题。社团也由此诞生和发展，由读书会出发，在需求进一步组织开展活动的情况下，成为注册学校认可的社团。社团逐步发展，形成了读书会、座谈等核心活动，开设讲座、实践等宣传活动。

（作者：吉利伟）

大学生理论社团：
高校马克思主义大众化的重要载体
——以北京某大学 QM 学社为例

戴贝钰

［摘要］ 20 世纪 90 年代以后兴起的大学生理论社团已经日益成为大学生学习、研究和宣传马克思主义理论的重要渠道，在思想政治教育中发挥着重要作用。现阶段，学生理论社团发展中还存在着一定的局限性，需要创新拓展。北京某大学 QM 学社建设的创新举措，对于其他理论社团的建设发展具有一定的借鉴意义。这一理论社团建设注重思想性、组织严密性，注重理论联系实际，可以更好地发挥理论社团推动马克思主义大众化的载体作用。

［关键词］ 理论社团；高校；马克思主义大众化；载体

大学生理论社团是由高校在校学生自发组织起来的学习、研究和宣传马克思列宁主义、毛泽东思想和中国特色社会主义理论体系，以及参与相关社会实践活动的群众性组织。党的十八大报告强调，要"推进马克思主义中国化时代化大众化，坚持不懈用中国特色社会主义理论体系武装全党、教育人民"。高校是马克思主义大众化的重要阵地，要促进高校马克思主义大众化不仅要发挥教师及学术组织作用，而且要充分发挥大学生理论社团的载体作用。

一、大学生理论社团的重要价值

20 世纪 90 年代初，全国高校纷纷成立学生理论社团，出现了一个理论社团的发展高潮。2004 年中共中央、国务院《关于进一步加强和改进大学生思想政治教育的意见》颁布之后，各高校学生理论社团的建设与发展又进入一个高潮期。近年颁发的一系列宣传思想工作文件多次强调要加强学生理论社团建设，这是因为这些理论社团在思想政治教育中发挥着重要作用。

第一，大学生理论社团是高校学生学习理论知识、提高思想政治素质的重要渠道。理论社团引导学生学习马克思主义理论，关注社会现实，促进大学生用马克思主义唯物论的眼光分析和解决问题。理论社团在思想政治教育中的独特地位和作用，可以概括为"思想教育的主阵地、研讨交流的主渠道、理论学习的先锋队、实践创新的生力军"。

第二，大学生理论社团是青年马克思主义者的培养基地。大学生通过参与理论社团活动，树立正确的世界观、人生观和价值观，坚定马克思主义信仰，成为真正的马克思主义者。"理论社团不仅是高校思想政治教育的新阵地、新途径、新载体，而且是学生骨干与优秀人才的重要培养基地，它拓展了高校思想政治教育的覆盖面，创新了高校思想政治教育的途径与方式，增强了高校思想政治教育的吸引力和感染力，是高校学生骨干与优秀人才的培养基地。"

第三，大学生理论社团是高校马克思主义大众化的助推器。理论社团组织大学生学理论、用理论，维护了马克思主义在大学生中的主导地位，提高了思想政治教育的实效性。理论社团的活动有力配合了学校的思想政治教育工作，坚定了大学生的政治方向、政治立场，提升了大学生政治鉴别力、政治敏锐性和政治洞察力，提高了大学生的政治素质，增强了思想政治工作的针对性和实效性。

二、现阶段大学生理论社团发展的局限性

进入 21 世纪，随着改革开放和社会主义现代化建设实践的推进，各种大学生理论社团如雨后春笋般涌现，数量日益增加。但与此同时，一些大学生理论社团在发展实践中也表现出一定的局限性，主要表现在以下方面。

第一，成员素质参差不齐，目的不纯。随着高校学生理论社团的发展，其

资源优势日趋显现，这类社团除了占有丰富的活动资源外，也占有着丰富的人脉资源。因此一些学生动起了"歪脑筋"，他们为了入党或入党后的各种荣誉奖励加入理论社团，而非抱着学习理论知识、用理论武装大脑的目的，这就使得一些高校的学生理论社团成员质量大大下降。

第二，活动缺乏生命力，难以吸引学生。一方面，部分理论社团的理论学习普遍较为枯燥，形式单一，难以吸引学生参与。另一方面，一些社团为了吸引学生，抛弃理论学习这一立足点，举办一些形式主义的活动，造成理论学习宣传效果不佳。此外，随着全球化以及信息化的发展，大学生容易受到各种社会思潮的影响，其中一些负面思潮的影响使得学生思想活跃，枯燥的理论学习更加难以吸引他们。

第三，社团缺乏指导，管理不够规范。理论学习类社团建设是一项需要投入大量时间和精力的工作，需要学校多个部门齐抓共管，但目前由于高校学生工作事务繁重，学校管理层投入在学生理论学习类社团上的精力很少，因此造成大部分理论社团缺乏长久、持续的指导，其自身机制建设也难以规范化、系统化，更多时候则是社团自由发展。

三、QM 学社社团建设的创新举措

如何突破大学生理论社团发展中的局限性，北京某大学 QM 学社的建设与发展可以给我们一些启示。该社团成立于 2012 年，完全由学生自发组成，现有成员 37 人，挂靠在某大学团委管理。

第一，QM 学社的特点及运作模式。北京某大学 QM 学社理论社团的成员有着共同的爱好和追求，学习和践行马克思主义，体现出十分鲜明的特点和共性。例如，社团成员思想倾向明确，政治观点明晰，平时就有注重理论学习的习惯，该社团近 80% 的成员读过原著。同时，该社团十分重视社团的成员选拔，注重考察申请者动机是否旨在提升自身思想理论水平以及社会分析能力。社团力求"少而精"，规模控制在 40 人以内。

该社团从成立之初，就吸引了一批志同道合的学生、部分高校和科研院所的教师，以及一些社会组织的支持，形成了一定的运作模式。一是组织形式自

主讨论,随需而定。社团从最初的无领导组织状态发展为由理事会来决定社团大小事务,到后来执委会的功能逐渐替代理事会开始执行社团的各项工作,再到现在由五个不同的部门分工执行社团的主要工作内容,这一发展过程充分体现了社团组织结构替换的过程,每一次替换都满足了当时社团的主要需求,使得社团越来越好地发展。二是交流方式线上线下,范围广泛。社团定期组织"两会"——名师交流会和读书分享会,提升成员认识水平。社团还搭建了网络沟通平台:"校园交流群",为校内外的师生提供交流平台;"QM 工作交流群",用于工作内容的定向交流,提高工作效率;"《资本论》与当代答疑交流群",用于讨论《资本论》和马克思主义政治经济学及其他学术交流内容。此外,社团还通过微信、青梅等软件推荐文章,通过 Colorwork 发布学习材料,讨论学习内容。社团成员与一些教师、社会组织交流频繁,不断吸收经验与知识,更好地提高了自身的理论素养。三是活动内容自由选择,以趣交友。该社团通过讨论自主选择讲座、论坛来宣传自己,并吸引有相同爱好的学生共同参与。最主要的是,社团根据不同层次的学生,开展不同主题的读书会,学生自由选择学习内容,关注社会现实,并通过学习了解社会运行的基本规律,明确主要历史事实并澄清错误观点,深入学习马克思主义理论。此外,该社团还会通过社会实践活动体察社会,结合学习了解社会现实。

第二,QM 学社对大学生理论社团建设的启示。QM 学社作为大学生理论社团的有益补充,对大学生理论社团的总体发展有着重要的启示与借鉴意义。一是抓住核心带头人,把握思想方向。社团的带头人把握着社团的灵魂,决定了社团的定位、指导思想、组织形式等多方面的内容。在社团发展中,必须注重发掘核心人才,他们应该有坚定的马克思主义信仰、一定的组织管理能力,能够正确把握社团的前进方向,带领社团健康发展。二是加强组织管理,提高成员素质。在保证社团核心带头人的素质之后,通过有效的组织管理和考核入会机制,筛选新成员,剔除目的不纯的成员,确保理论社团的纯洁性,提高社团成员的素质。三是选择恰当的活动内容和形式,重视理论学习与实践。社团活动作为社团实现效用的载体,在社团建设中有着十分重要的意义。为此,社团活动应注重理论学习与宣传，使参与活动的学生有大的收获，要充分利用高校资源，提高社团成员的思想理论水平。同时，要加强理论学习与实践，既吸引主观向学的成员，又客观提高普通成员的思想政治素质，发挥思想政治教育的隐性作用。

四、充分重视和发挥大学生理论社团推动马克思主义大众化的重要载体作用

大学生自发组织形成的理论社团无疑是一个新生的、具有鲜明特点的事物，其在丰富着大学生课余生活的同时，也肩负着重要的责任。诸如 QM 学社这样一类理论社团的产生和兴起，从侧面体现了目前大学生的思想政治状态，尤其是对马克思主义的态度和认识。他们对马克思主义理论学习的兴趣和热情，体现着思想政治教育的成果，也给我们改进大学生思想政治理论教育的方法提供了参考和借鉴。

第一，应当充分发挥大学生主观能动性，发掘其理论自觉性。在各种社会思潮蜂拥而至的当下社会，大学生能够由衷地、自主地学习马克思主义理论知识，十分可贵。为此，应当充分鼓励像 QM 学社这样自觉组织、自觉管理、自觉学习的学生理论社团，给予它们一定的发展空间，发挥大学生的主观能动性，将这类理论社团作为原有理论社团体系的有益补充，促进大学生思想政治素质的全面提高。

第二，应当全面引导大学生自主学习马克思主义理论的方向。类似 QM 学社这样自主学习马克思主义的学生社团，在学习内容上易受社会多种思想影响，因此，要充分利用高校学科资源，邀请马克思主义理论界的相关专家和学者进行讲学，全面引导大学生自主学习马克思主义理论的方向，帮助他们找到正确的发展道路，在他们发展出现偏差的时候及时纠正，促进大学生思想政治素质的健康发展。

第三，应当积极鼓励大学生践行马克思主义，推动高校马克思主义大众化，实现其重要载体作用。鼓励大学生将理论付诸实践，通过理论社团的辐射力，充分发挥像 QM 学社成员这样的一批学生的学习热情和激情，鼓励他们带动周围的同学共同学习马克思主义理论，坚定马克思主义信仰，共同抵制西方

国家对我国的西化和分化策略，抵制错误思潮，提高大学生思想政治教育的实效性。

自主学习马克思主义理论的大学生理论社团正在全国高校纷纷兴起，它们的兴起，既昭示了马克思主义的蓬勃生命力，也体现了马克思主义在新一代大学生心中的重要地位。QM 学社这样一类学生理论社团的兴起，值得提倡与鼓励，作为思想政治教育工作者，我们有理由充分重视并发挥这一类理论社团的重要作用，加强高校思想意识形态工作，切实推动马克思主义大众化。

注：本文发表于《思想教育研究》2015 年第 12 期。

参考文献

[1] 教育部社会科学研究与思想政治工作司. 思想政治教育学原理［M］. 北京：高等教育出版社，1999.

[2] 童星. 现代社会学理论新编［M］. 南京：南京大学出版社，2003.

[3] 斯蒂芬·罗宾斯，蒂莫西·贾奇. 组织行为学［M］. 北京：中国人民大学出版社，2012.

[4] 王传利. 高校学生马克思主义理论社团建设与引导［M］. 北京：群众出版社，2009.

[5] 曼瑟尔·奥尔森. 集体行动的逻辑［M］. 上海：格致出版社，2001.

[6] 雷芳. 以学生社团为载体提高思政课实践教学的实效性［J］. 教育与职业，2010（12）.

[7] 丛潜，隗金成. 理论社团在大学生思想教育中的作用研究［J］. 理论界，2010（5）.

[8] 陈丽红，于淑华，等. 高校理论社团在大学生思想政治教育中的效用分析［J］. 青少年研究，2006（1）.

[9] 蒋超. 高校大学生理论社团建设探析——以常熟理工学院为中心［D］. 苏州：苏州大学，2010.

[10] 葛振国，邢云文. "五四"前后学生社团传播马克思主义的经验与启示［J］. 理论探索，2011（3）.

[11] 胡德岭. 对高校学生理论社团建设与引导的思考［J］. 河南教育（高校版），2005（8-9）.

[12] 冯皓，郑欣峰，詹晓媛. 发挥学生理论社团作用推动高校马克思主义大众化［J］. 中国高等教育，2012（6）.

[13] 魏一. 高校大学生理论学习类社团研究［D］. 武汉：华中师范大学，2008.

[14] 郑欣峰，朱月红. 高校理论社团——传马克思主义大众化的先锋队 [J]. 中国城市经济，2010（8）.

[15] 张念，王宁铂. 高校理论社团管理与建设探索——基于"理工科院校"的视角 [J]. 中国成人教育，2008（5）.

[16] 张静，吴荣生. 高校马克思主义大众化的新路径——基于大学生理论社团的思考 [J]. 徐州工程学院学报（社会科学版），2011（5）.

[17] 王小奎. 高校学生理论社团的发展现状与趋势分析 [J]. 中国—东盟博览，2012（9）.

[18] 张兆彬. 高校学生政治理论社团建设发展初探 [J]. 湖北省社会主义学院学报，2004（6）.

[19] 刘晓亮，孔德民. 关于高校理论社团建设的几点思考 [J]. 广西青年干部学院学报，2008（5）.

[20] 裴小燕. 理论社团与思想政治理论课教学 [J]. 北京城市学院学报，2008（4）.

[21] 李生敏，葛振国. 论高校理论社团的时代作用 [J]. 理论探索，2011（6）.

[22] 王明滨，王彦斌，陈帆，等. 首都高校思想政治类学生理论社团发展现状分析 [J]. 首都医科大学学报（社会科学版增刊），2012.

[23] 赵一波. 谈大学生理论社团在当代中国马克思主义大众化中的作用 [J]. 黑龙江教育学院学报，2011（8）.

[24] 王赫，关莹，张沙艳. 我国大学生理论社团的发展现状与作用研究 [J]. 辽宁师专学报（社会科学版），2008（5）.

[25] 陈建香，王强，樊泽民，等. 学生理论社团：高校马克思主义大众化教育的"奇兵劲旅"[J]. 北京教育（德育），2009（3）.

[26] 刘杨. 高校学生理论社团建设与发展研究 [D]. 石家庄：河北科技大学，2012.

[27] 王万民. 国外学生社团发展的特征及启示 [J]. 青少年研究，2002（4）.

[28] 赵争. 高校大学生理论型社团的现状及发展对策研究 [D]. 西安：西安科技大学，2013.

[29] 彭庆红，刘雨芙. 理论社团：高校思想政治教育的新阵地 [J]. 政工研究动态，2009（11）.

[30] 何海兵. "红色社团"的兴起对思想政治教育的影响 [J]. 湖北社会科学，2003（4）.

[31] 李成超，孙武安. 高校红色社团建设与大学生思想政治教育 [J]. 思想理论教育导刊，2012（5）.

［32］ 陈磊，韩惠识. 当前高校理论社团发展现状、存在问题及其对策探究［J］. 中国校外教育（下旬刊），2013（12）.

［33］ 张凤. 理论学习型社团在思想政治教育中的功能初探——以首都师范大学研究生理论学习型社团"1144"模式为例［J］. 学理论，2013（32）.

［34］ 汪培. 谈高校理论学习社团的建设与发展［J］. 文教资料，2007（9）.

［35］ 杨方. 论帕森斯的结构功能主义［J］. 经济与社会发展，2010（10）.

［36］ 黄晓京. 默顿及其结构功能主义理论［J］. 国外社会科学，1982（8）.

［37］ 包瑜. 浅析结构功能主义视角中教育的功能［J］. 科教文汇（中旬刊），2009（11）.

［38］ 王浩斌. 社会主义和谐社会的结构功能主义审视［J］. 濮阳职业技术学院学报，2010（6）.

［39］ 刘润忠. 试析结构功能主义及其社会理论［J］. 天津社会科学，2005（5）.

［40］ 杜娜. 结构功能主义的社会整合效用分析［D］. 长春：东北师范大学，2005.

［41］ 于海. 行动论、系统论和功能论——读帕森斯《社会系统》［J］. 社会，1998（3）.

［42］ 朱艳. 帕森斯结构功能主义道德教育思想研究［D］. 济宁：曲阜师范大学，2012.

［43］ 华奕曦. 政府组织协同性研究——基于结构功能主义理论［D］. 南京：河海大学，2007.

［44］ 冯桂林，罗长刚. 论社会结构要素影响我国当代社会时尚的主要途径［J］. 社会主义研究，1995（3）.

［45］ 欧阳兵. 内生型农民工非政府组织社会关系网的实证分析［J］. 广东行政学院学报，2009（5）.

［46］ 王传利. 青年马克思主义者的摇篮——五四时期学生马克思主义社团成员成长论析［J］. 马克思主义研究，2006（5）.

致　谢

　　经年苦习，恍如白驹过隙。寒窗十余载，终有了尽时。忆似水华年，声色丰盈；叹如花岁月，宠辱更迭。感学海之艰辛，品收获之欢怡。

　　自余之入学，累受师长相教，奋起勃发，夯实基础，虽不能以勤勉自居，尚不至疏懒懈怠。余以理学之基，转学于文，尤谢恩师不弃，谆谆教诲，没齿不忘。课业之余，习书舞文，幸得时人不嫌，刊之于公。学虽不深，文虽不精，然余之兢业，可谓有目共睹。

　　余之师左公，学识深博，平易严谨，高山景行，心向往之。先生重德惜才，常以私囊资以好学之生，勉其学，励其志。先生言传身教，不求尽善尽美，但求精益求精，仅余之拙文，即推敲数次，终得定稿。先生待余，尤慈父益友，尝勉学于余，不吝辞色。余感怀于心，自当反躬自省，以悬梁刺股之力，致力于学。

　　母校科大，甲子华章，满井摇篮，鼎立中华。余于科大求学六载，秉"学风严谨，崇尚实践"之统，遵"求实鼎新"之训，砥砺前进，且行且惜。甚感母校哺育之恩，教导之情，浓情于余，唯有成才以报。

　　友人诸多，不能一一致谢，更欲备述其他师长垂教之恩，然恩长笔短，述之则挂一漏万。尊师同窗，无有不倾力相助，答疑解难，如此深情厚谊，余自感怀于心，铭刻于意。

　　撰文之时，必谢于诸位社友。学社特殊，社友除科大学子，亦有师长外友。凡有疑惑，社友必鼎力相助，倘若仅以余一人之力，所研之题必将堪忧。余虽不才，仍得学弟学妹之敬重，浪得此虚名，心中实有愧疚。尤谢社友诸位同学，为余之研究添砖加瓦，促余完成此文。感谢之情无以言表，唯愿可以一己之力，为学社之发展平添力量，遥祝学社再创佳绩，携手相进。

结文三年有余，余业已毕业，入理工大学就职。入职以来，多获学院关注，领导支持，关怀备至，业务能力不断提升，谨以此书为谢。及出此文，倍感出版编辑费心之至，在此一并致谢，深表感激。

文已至此，再不续述，拳拳深情，难以尽表。言辞有穷，感激无尽。唯愿恩师亲友，乘风破浪，垂翼九天。如若有时，盼再聚首。

戴贝钰

2019 年 5 月

后　记

距本书写作完成时间已过去约五年，回过头来看这篇文字，倒觉得稍显幼稚，对一些内容的研究，也并非十分深入，尚可继续挖掘。这五年期间，召开了全国高校思想政治工作会议，党的十九大也顺利召开，学校思想政治理论课教师座谈会顺利召开，可见我国对思想政治教育工作日益重视。习近平总书记在全国高校思想政治工作会议中强调，高校思想政治工作关系高校培养什么样的人、如何培养人以及为谁培养人这个根本问题。要坚持把立德树人作为中心环节，把思想政治工作贯穿教育教学全过程，实现全程育人、全方位育人，努力开创我国高等教育事业发展新局面。大学生理论社团作为思想政治教育的第二课堂，也必须在其中发挥重要的作用。而内生型大学生理论社团的涌现，也正体现了近几年我国高校思想政治工作开展得卓有成效。

作为对一个组织的调查研究，笔者在社团驻地观察了两年，切实看到了Q学社从创建到发展再到壮大的样貌，因此本书可以算作一篇对Q学社的调研报告。虽然距离本书主体部分完成已经五年有余，五年之中，社团也发生了许许多多事件，但为了保持本书原有研究的质量，又为了体现本书在新时代的价值，本书在前五章基本保持了文章的原貌，仅在第六章价值启示部分，补充了近年来习近平总书记对青年教育的部分内容，也是对本研究内容的更新。同时，本书的出版，也是作为对当时研究的一个纪念。

习近平总书记在党的十九大报告中指出，必须推进马克思主义中国化时代化大众化，建设具有强大凝聚力和引领力的社会主义意识形态，使全体人民在理想信念、价值理念、道德观念上紧紧团结在一起。要加强理论武装，推动新时代中国特色社会主义思想深入人心。大学生作为祖国的未来，作为新时代中国特色社会主义的建设者，更要在理想上、价值观、道德观上紧紧团结在一起，内生型理论社团即这样一支生力军。若能由理论社团的成员带动周围青年共同学习、坚定马克思主义信仰，必将大大带动新时代中国特色社会主义事业的建设和发展。

青年兴则国家兴，青年强则国家强。从这些有理想、有信念的青年身上，我们更能看到祖国的希望、未来的希望。但对于这些青年，我们也需要加强正确的引导，我们也同样希望，由这些青年影响到其周围的青年，共同为新时代中国特色社会主义建设添砖加瓦，最终实现中华民族的伟大复兴！

戴贝钰

于北京理工大学良乡校区丹枫园

2019 年 5 月 21 日